AF383648

CATALOGUE

D'UNE BELLE COLLECTION

D'ESTAMPES

ANCIENNES

DE TOUTES LES ÉCOLES

ŒUVRES DE CALLOT, REMBRANDT, WATTEAU, ETC.

ET UNE TRÈS GRANDE QUANTITÉ DE

GRAVURES NON CATALOGUÉES

Composant la collection de M. A. HULOT

DONT LA VENTE AUX ENCHÈRES PUBLIQUES, PAR SUITE DE SON DÉCÈS, AURA LIEU

HOTEL DES COMMISSAIRES-PRISEURS

RUE DROUOT, 9, SALLE N° 5

Les Lundi 30, Mardi 31 Mai
Et les Mercredi 1er, Jeudi 2 et Vendredi 3 Juin 1892

A deux heures précises.

Par le ministère de **Me PAUL CHEVALLIER**, commissaire-priseur,
Rue de la Grange-Batelière, 10

Assisté de **M. JULES BOUILLON**, marchand d'estampes à la Bibliothèque
nationale, rue des Saints-Pères, 3

EXPOSITION PUBLIQUE

Le Dimanche 29 Mai 1892, de deux heures à cinq heures.

CONDITIONS DE LA VENTE

Elle sera faite au comptant.

Les Acquéreurs payeront CINQ POUR CENT en sus des enchères, applicables aux frais de vente.

M. BOUILLON, chargé de la vente, se réserve la faculté de réunir ou de diviser les lots.

ORDRE DES VACATIONS

Lundi 30 Mai.................................... Nᵒˢ   1 à 282
Mardi 31 Mai....................................   283 à 562
Mercredi 1ᵉʳ Juin...............................   563 à 814
Jeudi 2 Juin....................................   815 à 1056
Vendredi 3 Juin. Estampes en lots...............   1057

DÉSIGNATION

ESTAMPES

ALBERTI (Chérubin.)

1 — Dessins de couteaux enrichis de manches d'orfèvrerie, en deux planches, gravées d'après F. Salviati (B. 171-172).

Très belles épreuves.

ALIX (P.-M.)

2 — *Helvetius*, d'après Garneray, — *Linné* (Charles), d'après Roslin. Deux portraits in-fol. en couleurs.

Belles épreuves.

ALTDORFER (Alb.)

3 — Pyrame et Thisbé (B., 44).

Très belle épreuve.

4 — Le Sacrifice d'Abraham (B., 41 des gravures sur bois).

Très belle épreuve.

ANDREANI (André)

5 — Le Triomphe de Jules César, d'après Mantegna. Suite de neuf pièces gravées en clair obscur de quatre planches. (B., t. XII, sect. VI, n° 11.)

Superbes épreuves. Très rares.

ANONYMES

6 — La ville, cité, université et faubourgs de Paris. Plan du seizième siècle antérieur à la construction du Pont-Neuf, gravure sur bois.

Belle épreuve.

ANONYMES

7 — *Lorraine* (Henri de), duc de Guise.
> Très belle épreuve. Rare.

8 — Saint Jérôme en prière, d'après Guido Reni. Pièce non décrite, gravée en clair obscur.
> Très belle épreuve.

9 — Cartes à jouer du dix-septième siècle, 98 pièces.

10 — Cerimonie fatte nella sacra incoronatione del Christianismo Re di Francia et Navarra Lodovico XIII.
> Très belle épreuve. Rare.

11 — *Bourgogne* (Anna, duchesse de). In-fol.
> Belle épreuve.

AUDRAN (G.)

12 — Angles du plafond de la Farnésine, à Rome, d'après Raphaël. Suite de quatorze estampes (R. D., 105-118).
> Très belles épreuves avant les numéros.

AVELINE (P.)

13 — Les Sens. Suite de cinq estampes en hauteur.
> Belles épreuves.

BALECHOU (J.-J.)

14 — *Jullienne* (Jean de), d'après Tocqué. In-fol.
> Très belle épreuve.

BARBARY (J. DE), dit le maître au caducée

15 — Trois hommes nus attachés à un arbre (B., 17).
> Belle épreuvre.

BARTOLOZZI (F.)

16 — Sibilla. — La Vierge et deux jeunes femmes regardant l'Enfant Jésus endormi. — Scène de la vie de Tobie. Trois pièces, d'après Guerchin et C. Maratte.
> Très belles épreuves avant la lettre.

BEATRIZET (N.)

17 — Henri II, roi de France (R. D., 40). In-fol.

Très belle épreuve.

BEHAM (H.-S.)

18 — Ammon fait violence à Thamar (Aumuller, 18).

Superbe épreuve d'une pièce non décrite par Bartsch et Passavant. Extrêmement rare.

19 — La Parabole de l'enfant prodigue. Suite de quatre estampes (B., 31-34).

Belles épreuves.

20 — Saint Pierre (B., 43), — Saint André (44), — Saint Simon (53), — Saint Mathias (54), — Et deux des évangélistes (B., 55 et 56). Six pièces.

Très belles épreuves.

21 — Les Travaux d'Hercule. Suite de douze estampes, dont nous n'avons que onze (B., 96-107).

Très belles épreuves.

22 — Six pièces de la suite des Noces de village (B., 154-163).

Bonnes épreuves.

23 — La Sentinelle auprès des tonneaux (B., 197).

Belle épreuve.

24 — La Femme à la harpe (B., 205).

Très belle épreuve.

25 — Les armoiries de Sebald Beham, 1544 (B., 254), — Armoiries d'imagination, 1544 (B., 255). Deux pièces.

Très belles épreuves.

26 — La Vierge assise sous un arbre (B., 123, des gravures sur bois).

Très belle épreuve.

BEHAM (H.-S.)

27 — La Fontaine de Jouvence (B., 165 des gravures sur bois).

Très belle épreuve. Rare.

28 — Marche de soldats accompagnés de leur femme et de leur train de bagage. Grande pièce de quatre morceaux collés ensemble (B., 170 des gravures sur bois).

Très belle épreuve. Rare.

BEICH (J.-F.)

29 — Six vues de sites agrestes, prises dans le Tyrol.

Belles épreuves.

BELLANGE (J.)

30 — La Vierge et l'Enfant Jésus, avec un saint et deux saintes (R. D., 10), — Trois saintes (13). Deux pièces.

Très belles épreuves.

BELLOTTO DIT CANELETTO (B.)

31 — Différentes vues de Dresde. Quatre pièces in-fol. en largeur.

Très belles épreuves. Rares.

BENOIST

32 — *Witt* (Jacques de), gravé pour la vie des peintres flamands. T. IV, p. 288.

Très rare épreuve avant toute lettre et avant l'entourage, marge.

BERGHEM (N.)

33 — Le Pâtre jouant du flageolet (B., 6), — Les cinq sujets d'animaux en hauteur (B., 8-12), manque le n° 5. B., 12. — Sujets d'animaux en largeur (B., 13-16). — Planches diverses des cahiers à la femme (B., 29-34 et 41-48). 21 pièces.

Très belles épreuves.

BERNARD

34 — La Nativité, d'après Rembrandt. — Le Retour des champs. Deux pièces gravées à la manière noire.

Très belles épreuves.

BINK (J.)

35 — Bethsabée au bain (B., 6).

Superbe épreuve.

BISCAINO (B.

36 — La Nativité (B., 7).

Belle épreuve.

BLEKER (L.)

37 — Le chariot à deux roues (B., 11), — Le cabriolet (B., 12). Deux pièces.

Très belles épreuves.

BOISSEAU (J.)

38 — Le Verger en Anjou, grande pièce en largeur ; en haut, à gauche, le portrait d'Anne de Rohan, princesse de Guemené ; à droite, ses armoiries.

Très belle épreuve. Rare.

BOISSIEU (J.-J. DE)

39 — Leçon de botanique, — Portrait de la servante de Boissieu, — Paysages, etc. Sept pièces.

BOL (HANS)

40 — Les Saisons, d'après Breughel, —Le Festin et la Danse. Six pièces.

Belles épreuves.

BOL (F.)

41 — Saint Jérôme dans une caverne (B., 3).

Superbe épreuve.

BOLDRINI (N.)

42 — Le Déluge, d'après le Titien (Pass., 2).
Épreuve du 1er état avant la marque d'Andreani.

43 — Samson trahi par Dalila (Pass., VI, p. 233, n° 5). — Les six saints, d'après le Titien (Pass., 53), — Saint Jérôme au désert (Pass., 58). — Le Mariage de sainte Catherine (Pass., 61), — La Femme qui trait une vache (Pass., 96). Trois Singes imitant le groupe de Laocoon (Pass., 97), — Vénus et l'Amour (B., VII-29). Huit pièces.
Très belles épreuves.

44 — L'Homme de douleurs. Copié en contre-partie du titre de la petite Passion d'Albert Durer (Pass., 36ª).
Très belle épreuve imprimée en clair-obscur.

45 — Mars et Vénus, d'après le Titien. Gravure sur bois (Pass., 68).
Belle épreuve. Rare.

46 — Hercule étouffant le lion de Némée, — Saint Jean dans le désert, — Saint François en extase, etc. Cinq pièces.
Belles épreuves.

BOLSWERT (S.-A.)

47 — Campagne de Malines, d'après Rubens.
Très belle épreuve. *Lin. 0. 99.*

BOSSE (ABRAHAM)

48 — Le Printemps, — Le Retour du baptême, — Le sculpteur, — Quatre pièces des œuvres de miséricorde. Sept pièces.
Belles épreuves.

49 — Les Forces de la France (G. D., 1228).
Très belle épreuve avec marge.

50 — Suite de treize estampes pour : la Pucelle ou la France délivrée, poème héroïque, par M. Chaplain (G. D. 1148-1160).
Belles épreuves.

BOTH (J.)

51 — La Femme montée sur le mulet. (B., 1).

> Très rare et belle épreuve d'un état non décrit, avant le nom de Matham, et les teintes de pointe sèche sur les figures qu'on voit dans le fond. Épreuve dite au mulet blanc.

52 — Les Paysages en hauteur. Suite des quatre estampes (B., 1-4).

> Superbes épreuves avant que l'adresse de Matham ait été effacée et remplacée par celle de Mariette.

53 — Les Cinq Sens de l'homme. Suite de cinq estampes gravées d'après André Both (B., 11-15).

> Très belles épreuves du 1er état, avant l'adresse de F. de Wit sur le premier morceau et la répétition des numéros dans la marge du bas.

BOUCHER (d'après F.)

54 — L'Apparition des anges aux bergers, gravé à la sanguine par Bonnet.

> Très belle épreuve.

55 — La Bergère prévoyante, par J. Abliamet.

> Très belle épreuve avant la dédicace, marge.

56 — Loge de l'amitié de Bordeaux, par P.-P. Choffart.

> Très rare épreuve avant toute lettre, à l'état d'eau-forte.

57 — La Marchande de modes, par R. Gaillard.

> Très belle épreuve.

58 — Le Mariage de Psyché et l'Amour, par Beauvarlet.

> Très belle épreuve avant toutes lettres.

59 — La Muse Erato, — Elle mord à la grappe, — La Coquette. Trois pièces gravées par Daullé et Pasquier.

> Très belles épreuves.

60 — La Naissance de Bacchus, par Aveline.

> Très rare épreuve d'essai, avant toutes lettres.

BOUCHER (d'après F.)

61 — L'Obéissance récompensée, par F. Gaillard.

Très belle épreuve avant toute lettre.

62 — Paysage gravé par Ryland.

Très belle épreuve avant la lettre, marge.

63 — Pensent-ils au raisin, — Les Charmes de la vie champêtre. Deux pièces gravées par Le Bas et Daullé.

Très belles épreuves.

64 — La Petite Reposée, — L'Hiver, arabesque d'après Watteau, — Paysan passant l'eau, gravé par Ryland. Trois pièces.

Belles épreuves.

65 — Silvie fuit le loup qu'elle a blessé, par Lempereur.

Très belle épreuve, marge.

66 — Vénus et Énée, — L'enlèvement d'Europe, — Psyché refusant les honneurs divins. Trois pièces gravées par Courtois, Pelletier et Parizeau.

Très belles épreuves.

67 — Etudes de têtes de jeunes femmes, gravées aux trois crayons, par Demarteau. Cinq pièces.

Très belles épreuves.

68 — Jeune femme en buste, avec roses dans les cheveux, gravé à la manière du pastel, par Bonnet.

Très belle épreuve.

69. — Jeune femme assise lisant, gravé aux trois crayons, par Demarteau.

Très belle épreuve. Rare.

70 — Madame Favart dans le rôle de Ninettte, gravé aux trois crayons, par Demarteau.

Belle épreuve.

71 — La Maraudeuse de fleurs, par Demarteau.

Très belle épreuve, toute marge.

BOUCHER (d'après F.)

72 — Pastorales et sujets d'enfants, gravés à la sanguine et aux trois crayons, par Demarteau. Sept pièces.

Très belles épreuves.

73 — Le Repos de Vénus, — Vénus aux colombes. Deux p èces gravées aux trois crayons, par Bonnet.

Très belles épreuves.

74 — Le Sommeil de Vénus, gravé aux deux crayons, par Bonnet.

Très belle épreuve imprimée sur papier bleu, marge.

75 — Vénus et l'Amour couchés sur des draperies, par Petit, — Enfants au repos, par Demarteau. Deux pièces gravées aux trois crayons.

Bonnes épreuves.

76 — Vénus désarmée par les amours, — Vénus couronnée par l'Amour. Deux pièces en couleur faisant pendants, gravées par Demarteau.

Très belles épreuves.

BOUCHER, GREUZE ET LANCRET (d'après)

77 — Première et seconde vue de Charenton, — 11e vue de Fronville, — La Liseuse, — Annette, — La Jeunesse, etc. Neuf pièces.

BOYVIN (R.)

78 — Histoire de Jason et de la conquête de la Toison d'or. Suite de vingt-six estampes (R. D., 39-64.)

Très belles épreuves, en partie du 1er état, avant les numéros.

79 — Le Satyre et la Nymphe, — Les Amours de Jupiter et d'Antiope, — Les Trois Parques, — Céphale et Procris, — Bacchanales d'enfants, etc. Dix pièces.

Belles épreuves.

BREENBERG (B.)

80 — Les Satyres (B., 20).
Superbe épreuve.

BREUGHEL

81 — La Cour de ferme. Gravé à l'eau-forte.
Belle épreuve.

BROSAMER (H.)

82 — Le Joueur de luth (Pass., T. 4. — P. 35, n° 25).
Très belle épreuve. Rare.

83 — Un Palefrenier dans une écurie, dormant étendu par terre sur le dos (B., 15, des gravures sur bois).
Belle épreuve.

84 — Hans Sachs 1545. Gravé sur bois (Pass., 35).
Très belle épreuve.

85 — Jésus et les petits enfants, pièce gravée sur bois et imprimée en camaïeux, attribuée à Brosamer.
Belle épreuve.

BRUYN (ABR. DE)

86 — Les Sens. Suite de cinq estampes en largeur, publiées chez Landry.
Très belles épreuves.

BRY (LES DE)

87 — *Henri IV*, roi de France, d'après Bunel. In-4.
Très belle épreuve. Rare.

88 — Suite de quatre pièces représentant des dés et des bracelets ; sur les dés sont gravés des sujets et des emblèmes religieux.
Très belles épreuves. Rares.

89 — Fonds de coupes ornées de grotesques avec sujets et portraits au milieu. Suite de quatre pièces.
Très belles épreuves.

BRY (LES DE)

12- 90 — Marche de soldats accompagnant un convoi, d'après Beham.

> Très belle épreuve.

BUONAROTTI (d'après MICHEL-ANGE)

10 91 — Estampes, d'après les peintures de Michel-Ange, à la chapelle sixtine, gravées par les Ghisi et Bonasone. Quatrevingt-neuf pièces.

BURGMAIR (HANS)

6- 92 — Vénus et Mercure. Pièce gravée à l'eau-forte (B., 1.)

> Très belle épreuve.

16- 92 *bis* — Bethsabée au bain (B. 5). — Dalila coupant les cheveux à Samson (B. 6). Deux pièces gravées sur bois.

> Belles épreuves.

20- 93 — Sainte Anne recevant le petit Jésus d'entre les mains de la sainte Vierge (B., 26). — Planches tirées du Weiss Kunig, etc. Onze pièces.

50 94 — Jeune femme fuyant la mort qui tue un jeune homme (B., 40).

> Gravé en clair-obscur de trois planches. 1er état, avant le millésime MDX. Très belle épreuve. Très rare.

2- 95 — La Vierge, demi figure (Pass., 84). Pièce gravée sur bois.

> Très belle épreuve.

BUSINCK (L.)

16 96 — Sujets religieux, d'après Blœmaert et Lallemand. Vingt-sept pièces imprimées en clairs-obscurs.

> Très belles épreuves.

CAISER (H. DE)

10 97 — Nouveau livre des dieux et déesses de la marine de l'invention de Henri de Caiser. Suite de douze pièces en largeur.

> Très belles épreuves.

CALAMATTA (L.)

98 — Portrait de Monsieur Guizot, d'après Paul Delaroche.

Épreuve d'artiste, sur chine, signée du graveur, avec dédicace.

99 — Portrait de Monsieur *Molé*, d'après Ingres.

Épreuve avant la lettre, sur chine.

100 — Portrait du duc d'Orléans, d'après Ingres.

Épreuve d'artiste, sur chine.

CALLOT (J.)

101 — *L'œuvre de J. Callot composé de 1450 pièces renfermées dans six portefeuilles. Ci-après nous donnons le détail.*

1 — Portraits de *Callot*, par Vorsterman, M. Lasne, Montcornet, Loemans et A. Bosse. Six pièces. Celui par A. Bosse est double, avant la lettre.

2 — Le Passage de la mer Rouge (Meaume, 1). 1er et 2e état.

3 — Élie et la veuve de Sarepta (M., 2). Original et copie.

4 — Saint Jean prêchant dans le désert (4).

5 — Le Massacre des Innocents, 1re et 2e planche (5 et 6). 1ers états.

6 — L'*Ecce Homo* (7). — Jésus-Christ en croix (10).

7 — La Passion de Notre-Seigneur. Suite de sept estampes (12-18). 1ers états.

8 — La Passion de Notre-Seigneur (19-30). Suite de douze estampes (Épreuves du 1er état.

9 — Les Mystères de la Passion de Notre-Seigneur et la Vie de la Vierge. Suite de six estampes (M., 31-36). Épreuves du 1er état.

10 — Le Nouveau Testament (37-47). Suite de onze estampes. 1er état.

11 — Les Quatre Banquets (48-51). Épreuves de 1er état.

12 — Jésus-Christ au milieu des mesureurs de grains (52).

13 — La Parabole de l'Enfant prodigue. Suite de onze morceaux (53-63). Suite double : 1er état, avant les vers et les numéros, et 2e état, avec les vers, mais encore avant les numéros, plus la même suite en dix pièces, copies par J. S. Kuslin.

14 — La Sainte Famille à table (65). 1er état, plus une copie, gravure non terminée.

15 — Sainte Famille, d'après André del Sarte (66). 1er état.

16 — La Vierge, l'Enfant Jésus et le petit saint Jean (68). Pièce rare.

CALLOT (J.)

17 — Annonciation (71, 72 et 73). Le n° 72 est d'une extrême rareté.

18 — L'Annonciation ou la Nunciata de Florence (75). Épreuve du 1ᵉʳ état. Très rare.

19 — La Vie de la sainte Vierge (76-89). Suite de quatorze estampes. Épreuves du 1ᵉʳ état, plus les copies de la même suite.

20 — Différents sujets. Suite de neuf estampes non chiffrées (90-98). Épreuves du 1ᵉʳ état, plus quatre pièces doubles, originaux et copies.

21 — L'Assomption au chérubin (99). Extrêmement rare, plus deux copies.

22 — L'Apôtre saint Pierre (101). 2ᵉ état. — Saint Jean dans l'île de Pathmos (102). Rare.

23 — Saint Paul (103). 1ᵉʳ état.

24 — Le Sauveur, la sainte Vierge, les douze Apôtres et saint Paul, l'apôtre des nations, en pied. Suite de seize estampes, y compris le titre (104-119). Épreuves du 1ᵉʳ état.

25 — Le Martyre des Apôtres. Suite de seize estampes (120-135). Suite triple. 1ᵉʳ, 2ᵉ et 3ᵉ états.

26 — Le Martyre de saint Laurent (136).

27 — Le Martyre de saint Sébastien (137). 1ᵉʳ état, plus la copie.

28 — Saint Nicolas ou saint Séverin (140). 1ᵉʳ état. Extrêmement rare.

29 — Le Miracle de saint Mansuy (141).

30 — Saint François d'Assise (142). 1ᵉʳ état. — Saint François dans un lis (143). — L'Arbre de saint François (145). Trois pièces.

31 — Les Pénitents et Pénitentes. Suite de six estampes (147-152).

32 — Prêtre portant le Saint Sacrement de l'Eucharistie (154).

33 — Les Martyrs du Japon (155). 1ᵉʳ état.

34 — La Possédée, ou l'Exorcisme (156).

35 — L'Enfant Jésus (3).

36 — Les Péchés capitaux. Suite de sept estampes (157-163). 1ᵉʳ état.

37 — Les Sacrifices. Suite de trois estampes (164-166). Rares.

38 — Les Tableaux de Rome. Suite de trente estampes dont nous n'avons que vingt-neuf (167-196).

39 — Titre des miracles et grâces de Notre-Dame de Bon-Secours-les-Nancy (197). Titre de la sainte Apocatastase (198). — Titre du règlement des Pénitents blancs (199). — Titre des règles de la Congrégation de Notre-Dame (200). — Titre des coutumes de Lorraine (426). — Le Titre aux Astrologues (203), original et copie. Sept pièces.

CALLOT (J.)

40 — Estampes décorant le livre intitulé : Vie de la Mère de Dieu, représentée par Emblesmes (207-233). Suite de vingt-sept estampes, y compris le titre. 1er état.

41 — Estampes décorant le livre intitulé : Lux claustri ou la Lumière du cloistre. Suite de vingt-sept estampes, y compris le titre (234-260).

41 *bis* — Miracles opérés par l'intercession de Notre-Dame de l'Annonciade de Florence. Suite de quarante et une estampes, y compris le titre (261-301). Épreuves du 1er état.

42 — Les Images de tous les saints et saintes et des fêtes mobiles de l'année. Suite de quatre cent quatre-vingt-dix estampes sur 124 planches (302-425). Épreuves du 1er tirage.

43 — Titre de l'Harpalice (427) de toute rareté. Titre des Statuts des chevaliers de Saint-Etienne (428).

44 — Portrait de François de Médicis (429). Portrait de Cosme II, grand duc de Toscane (429 *bis*). — Portrait de Peri Jean-Dominique (433). Trois pièces.

44 *bis* — Titre de : Fiesole distrutta, par Peri d'Achidosso (432).

45 — Estampes décorant le livre intitulé : Il Solimano, tragedia del conte Prospero Bonarelli. Suite de six estampes (434-439).

46 — Figures du Voyage à la Terre Sainte. Suite de quarante-sept estampes sur trente-cinq planches (455-489).

47 — Combat à la Barrière. Planches surnuméraires (490-491). Deux pièces.

48 — Estampes décorant le livre intitulé : Combat à la Barrière, par Henri Humbert. Suite de onze planches, titre compris (492-503). Le titre est du 1er état et le bras armé est la seconde planche, avec texte au verso.

49 — *Deruet* (Claude) (505). — *De Lorme* (Dieudonné-Charles), médecin (506). Rare.

50 — Principaux faits du règne de Ferdinand Ier de Médicis, grand-duc de Toscane. Suite de seize pièces non chiffrées dont nous n'avons que onze (534-549).

51 — Le Combat des quatre galères du grand duc. Suite de quatre pièces (550-553).

51 *bis* — La Revue (556).

52 — Les Petites misères de la guerre. Suite de sept pièces, y compris le titre, gravé par A. Bosse (557-563).

53 — Les Grandes Misères de la guerre. Suite de dix-huit estampes (564-581). Superbes et très rares épreuves du 1er état, avant les vers et avant les numéros ; elles sont doublées. Manque le numéro 18.

CALLOT (J.)

54 — La même suite. Superbes épreuves du 2e état.

55 — Les Exercices militaires. Suite de treize pièces, titre compris (582-504); le titre est double avant la lettre et avant les armoiries, état non décrit; toute la suite est du 1er état avant les numéros.

56 — La Rencontre à l'épée, — La Rencontre au pistolet (595-596).

57 — Catafalque de l'empereur Mathias (597). Épreuve du 2e état avant l'adresse de Silvestre, plus la copie de la même pièce.

58 — Les Monnaies. Suite de dix planches numérotées (605-614).

59 — Le Grand Rocher (616). Très rare.

60 — L'Éventail (617). Original et copie en contre partie. Deux pièces.

61 — Le Vaisseau d'artifice (618). 2e état.

62 — Parterre ou Jardin de Nancy (622). Épreuve du 1er état avant l'adresse de Silvestre.

63 — Le Jeu de boules, ou la Foire de Gondreville (623). 1er état, avant le nom de Callot et 2e état. Deux pièces.

64 — Les Deux Pantalons (626), Les Trois Pantalons. Suite de trois pièces (626-629). 1er état. Quatre pièces.

65 — Les Intermèdes. Suite de trois pièces, dont nous n'avons que deux (630-632); manque, n° 631).

66 — Joutes de Florence. Première fête, dite la Guerre d'amour. Suite de trois pièces (633-635). 1er état.

67 — Joutes de Florence. Seconde fête, dite Joute à cheval. Suite de cinq pièces, non chiffrées (636-640).

68 — Balli ou Cucurucu. Suite de vingt-quatre pièces, titre compris (641-664). 1er état.

69 — Les Supplices (665). Très belle épreuve.

70 — Le Brelan, ou l'Enfant prodigue trompé par une troupe de filous (666). Original et copie. Deux pièces.

71 — Les Bohémiens. Suite de quatre estampes (667-670). Très belles épreuves avant l'adresse d'Israël Silvestre, plus les copies.

72 — La Dévideuse et la Fileuse (671). 1er état et 2e imprimé en rouge. — — Deux Dames de condition debout (672). 1er état. Trois pièces.

73 — La Noblesse. Suite de douze pièces (673-684). Épreuves du 1er état.

74 — Les Gueux ou Mendiants. Suite de vingt-cinq estampes, y compris le frontispice (685-709). Épreuves du 1er état.

CALLOT (J.)

75 — La Petite Treille (710).

76 — La Petite Vue de Paris (712). 1er état avant toute lettre et avant le fond, et 2e état. Deux pièces.

77 — Les deux Grandes Vues de Paris. Suite de deux pièces (713-714). Très belles épreuves avant l'adresse d'Israël Silvestre.

78 — L'Hiver (722). — Les Mois. Suite de douze pièces, dont six seulement gravées par Callot (723-728)

78 *bis* — La Pandore (729). 1er état et la copie. Deux pièces.

79 — Figures variées. Suite de dix-sept pièces (730-746). Manque le numéro 746. Suite double, avant les numéros et avec les numéros.

80 — Les Bossus ou Gobbi. Suite de vingt et une pièces (747-767). Épreuves avant les numéros.

81 — Les Caprices. Suite de cinquante pièces (768-867). Première et deuxième suite en 1er état.

82 — Fantaisies. Suite de quatorze pièces, titre compris (868-881). Épreuves du 1er état, avant les numéros. Notre suite se compose de quinze pièces, dont une non décrite.

GRANDES PLANCHES

83 — Le Triomphe de la Vierge (100). 1er état.

84 — La Tentation de saint Antoine (138). Copie agrandie, en contre-partie.

85 — Tentation de saint Antoine (139). 3e état, plus la copie par Petrus Pecault.

86 — Le Purgatoire et l'Enfer (153). 1er état.

87 — *Louis XIII*, roi de France (507).

88 — Louis de Lorraine, prince de Phalsbourg (508). Deux épreuves.

89 — Combat de Veillane, près de Turin (509).

90 — Le siège de Bréda, en six planches (510). Épreuves du 1er état, avec les tables.

91 — Siège de la Rochelle, en six feuilles (511). — Bordures du siège de la Rochelle, en dix morceaux (512-521). Épreuves du 2e état.

92 — Siège du fort de Saint-Martin dans l'île de Ré, en six feuilles (522). — Bordures du siège de Ré, en dix morceaux (523-532). Épreuves du 2e état.

93 — Débarquement de troupes (533). 1er état, plus la copie.

94 — Généalogie de la famille del Turco (600).

CALLOT *(J.)*

95 — La Grande Thèse dite énigmatique ou symbolique (615). 1er et 2e états. Deux pièces.

96 — La Carrière ou la rue Neuve de Nancy (621). 1er état.

97 — La Grande Foire de Florence, 1re planche (624). 3e et 4e états, plus deux copies en contrepartie. Quatre pièces.

98 — La Grande Foire de Florence, 2e planche (625). Épreuve du 1er état.

99 — La Chasse (711). Épreuve avant l'adresse de Silvestre.

PIÈCES DOUTEUSES OU FAUSSEMENT ATTRIBUÉES

Décrites dans la troisième partie du Catalogue de Meaume

100 — Paysages dessinés à Florence par Callot. Suite de douze pièces, titre compris (1187-1198). Épreuves du 1er état. Le titre est double, en 1er et 2e états.

101 — Bourgeoises dans différentes attitudes. Première et deuxième suites (1209-1219). Onze pièces.

102 — Paysages et sujets divers par et d'après Callot ¦et par ses imitateurs Cent cinquante-sept pièces.

Cet œuvre est aussi complet que possible et renferme des pièces d'une grande rareté, comme on pourra s'en rendre compte par la désignation donnée ci-dessus. Les épreuves sont très belles et en bel état de conservation.

102 — Joutes de Florence. — Seconde fête, dite Joute à cheval (M. 636-640). Suite de cinq pièces dont nous n'avons que quatre.

Belles épreuves.

CARESME (d'après)

103 — Les Plaisirs champêtres, par Wossenik, en couleur.

Très belle épreuve.

CARICATURES

104 — L'Entrée d'une partie des alliés à Paris, — Le Lutrin de village, — Distribution du vin d'après nature, — Partie de campagne manquée, — Pharmacien en demi fortune, — Intérieur de la Monnaie de Paris, ann. 1815, etc., etc. 28 pièces, gravures et dessins.

CARON (A.)

103 — Jésus au Jardin des Oliviers, d'après Scheffer.
Épreuve d'artiste, sur chine.

CARS (L.)

106 — *Bourdon* (Sébastien), d'après Rigaud. In-fol.
Belle épreuve avec marge.

CARRACHE (Annibal)

107 — La Vierge à l'hirondelle (B., 8).
Belle épreuve.

CARRACHE (L. et Aug.)

108 — La Vierge de l'an 1604 (B., 3), — Saint Jérôme et saint François en extase devant la Vierge, — Loth et ses filles (B., 127), — Portrait du Titien (B., 154). Quatre pièces.

CASTIGLIONE (B.)

109 — La Fuite en Égypte (B., 12), — Fête de Pan (B., 16). Deux pièces.
Belles épreuves.

CHARLES (A-Paris chez)

110 — *Joséphine*, impératrice des Français, — *Alexandre Ier*, empereur de Russie. Deux portraits in-8, en couleur.
Très belles épreuves, toutes marges.

CHEREAU (F.)

111 — *Boullongne* (Louis de), d'après lui-même. In-fol.
Très belle épreuve, grande marge.

112 — *Sobieska* (la Princesse), d'après Trinisani. In-4.
Belle épreuve.

CHODOWIECKI (D.)

113 — Son œuvre en 325 pièces renfermées en un vol. in-fol., veau.
Très belles épreuves.

CLAIRS-OBSCURS ITALIENS

114 — Gravures des maîtres italiens gravées en clairs-obscurs, d'après différents peintres, par Andreani, Carpi, A. de Trente, Cambiasi, Coriolano, etc., et décrites pour la plupart dans le XIIᵉ volume de Bartsch. 110 pièces.

Très belles épreuves. Ce lot pourra être divisé.

CLOUET (P.)

115 — Conversation entre plusieurs amans. On remarque à droite, debout, Rubens et sa femme et derrière eux l'amour. Belle pièce connue sous le nom de Jardin des muses, d'après Rubens (B., 39 des allégories).

Superbe épreuve du 1ᵉʳ état avant que les vers flamands n'aient été effacés et remplacés par des vers français. Rare.

116 — La même estampe.

Superbe épreuve du même état.

COCHIN (d'après C.-N.)

117 — *Boucher* (François), par L. Cars. In-4.

Très belle épreuve, marge.

118 — *Peronneau* (J.-B.), de l'Académie royale de peinture et de sculpture. In-4.

Très belle épreuve avant toute lettre, marge.

COCLERS (L.-B.)

119 — Son œuvre gravé à l'eau-forte, en 11 pièces, dont plusieurs doubles en différents états.

Très belles épreuves.

[COLLAERT (J.).

120 — Les Sept Planètes. Suite de huit estampes dont un titre.

Belles épreuves.

COLLAERT (A.)

121 — Les Eléments, — Les Quatre Parties du jour, — Les Quatre Saisons, — Les Quatre Parties du monde, etc. 23 pièces.

Très belles épreuves.

CORIOLANUS (B.)

122 — Paysage avec ville dans le fond, gravé en clair-obscur. Pièce non décrite.

> Très belle épreuve.

COSSIN (L.)

123 — *Chauveau* (François), d'après Le Febvre. In-fol.

> Belle épreuve.

COSTUMES

124 — *Bonnard, Saint-Jean, Trouvain, etc.* Recueil de costumes de princes, dames, artisans de diverses nations ; figures de ballets ; costumes de prélats, magistrats, cavaliers, etc., vêtus en modes nouvelles, de l'époque de Louis XIV, gravés par N. et H. Bonnart, Trouvain, Mariette, Lemoine, Berey, Saint-Jean, Arnould, Guerard, Bérain, etc. 2 vol. in-fol. contenant 720 planches.

> Une réunion aussi nombreuse de costumes de cette époque est très rare à rencontrer. La série que nous avons ici est en très bel état de conservation.

125 — *Bonnart, etc.* Planches non reliées de la même série, en noir et coloriées. 305 pièces, en partie avec marges.

126 — *Joly (d'après).* Costumes de théâtre, publiés chez Martinet. 24 pièces coloriées.

127 — *Martinet (A Paris chez).* Armée des souverains alliés. 1815. Suite de quatorze pièces coloriées.

> Superbes épreuves, toutes marges.

128 — *Quast* (P.). Costumes de seigneurs et de dames de l'époque Louis XIII. Dix pièces in-8.

> Très belles épreuves avec marges.

COURTOIS (J.)

129 — Sujets de batailles. Suite de huit pièces gravées à l'eau-forte.

130 — Belles épreuves.

COYPEL (C.)

130 — *Aymon Ier*, terminé au burin par Joullain. In-fol.

Très belle épreuve.

CRANACH (L.)

131 — Les deux Ducs de Saxe (B., 2).

Très belle épreuve.

132 — Le Repos en Égypte (B., 3 des gravures sur bois).

Très belle épreuve. Rare.

133 — La Sainte Famille dans une salle (B., 5).

Très belle épreuve.

134 — La même estampe.

Très belle épreuve.

135 — Jésus-Christ, les douze Apôtres et saint Paul. Suite de quatorze estampes (B., 23-36).

Très belles épreuves.

136 — Onze pièces copies des mêmes estampes avec quelques changements.

Bonnes épreuves.

137 — Tentation de saint Antoine (B., 56).

Très belle épreuve.

138 — Saint Christophe (B., 58).

Très belle épreuve imprimée en clair-obscur. Rare.

139 — La même estampe.

Très belle épreuve en noir.

140 — La Décollation de saint Jean-Baptiste (B., 62).

Belle épreuve.

141 — Saint Jérôme dans le désert (B., 63).

Très belle épreuve.

142 — Le Petit Sauveur debout (B., 73).

Belle épreuve.

CRANACH (L.)

143 — Un Ange tenant une balance (B., 75).

Très belle épreuve du 1er état avant la cassure.

144 — Marc Curce se précipitant dans un gouffre (B., 112).

Très belle épreuve.

145 — La même estampe.

Belle épreuve.

146 — Vénus accompagnée de l'Amour (B., 113).

Très belle épreuve.

147 — Jeune homme à cheval (B., 116), — Un Cavalier avec une dame en croupe (117). Deux pièces.

Très belles épreuves.

148 — Chasse au cerf (B., 119).

Très belle épreuve. Rare.

149 — La même estampe.

Belle épreuve.

150 — Tournois (B., 124, 125 et 126). Trois pièces.

Très belles épreuves.

151 — La Passion de Jésus-Christ et autres sujets. Quarante-quatre pièces gravées sur bois.

152 — Jean Frédéric, duc de Saxe, — Un Duc de Wurtemberg. Deux pièces.

Belles épreuves.

DANGUIN

153 — La Maîtresse du Titien, d'après Titien.

Epreuve avant la lettre, sur chine.

DARET (P.)

154 — *Saxe* (Bernard de), duc de Weymar, Juliers et Clèves. In-fol. Équestre.

Très belle épreuve.

DASSONVILLE (J.)

155 — Vieillard lisant la gazette, — L'Epouilleuse, et autres pièces de son œuvre. Sept pièces.

Très belles épreuves.

DAULLÉ (J.)

156 — *Coffin* (Ch.), d'après Fontaine. In-fol.

Très belle épreuve.

157 — Marie-Josèphe de Saxe, reine de Pologne, d'après L. Silvestre. Grand in-fol. En pied.

Très belle épreuve.

158 — *Mignard* (Catherine), comtesse de Feuquières, d'après Mignard.

Epreuve d'un état inconnu, avant un grand nombre de travaux et avant l'inscription P. Mignard, premier peintre du Roy, qui se voit d'ordinaire au bas du portrait de l'artiste que sa fille soutient de sa main droite. Un peu rognée.

DAULLÉ et DE LORRAINE

159 — *Favart* (Mme), dans le rôle de Bastienne, d'après Van-loo, — *Chanville*, dans le rôle de Colas, d'après de Lorme. Deux portraits in-fol., en pied.

Très belles épreuves.

DEBUCOURT (P.-L.)

160 — *Orléans* (Mgr le duc). In-4, en couleur.

Superbe épreuve, marge du cuivre.

161 — L'Heureuse Famille.

Très belle épreuve avant la lettre, marge.

162 — Le Joueur de Cornemuse, d'après C. Vernet. En couleur.

Très belle épreuve.

163 — La Marchande d'eau-de-vie, — La Toilette d'un Clerc de procureur, — Le Jour de barbe d'un Charbonnier, — Adieux d'un Russe à une Parisienne. Quatre pièces, d'après C. Vernet. En couleur.

Très belles épreuves.

DEJABIN

164 — Collection des portraits de MM. les Députés à l'Assemblée nationale de 1789. Trois cent six pièces, dont un
grand nombre ayant la lettre, à l'eau-forte et avant
l'adresse.

Très belles épreuves.

DELACROIX (Eugène)

165 — Hamlet. Treize sujets dessinés par Eugène Delacroix.
A Paris, chez Gihaut, s. d.

Très belles épreuves de premier tirage, dans la couverture de publication.

166 — Macbeth, — Lion dévorant un cheval, — Panthère
couchée, — Feuilles de médailles, etc. Treize pièces.

DELACROIX (d'après Eugène)

167 — Gravures au burin, lithographies, eaux-fortes et photographies, d'après les tableaux et dessins de Delacroix.
Cent vingt-deux pièces.

DELAUNE (Étienne)

168 — Histoire de la Genèse. Suite de trente-six pièces
(R. D., 24-39).

Très belles épreuves.

169 — Suzanne surprise au bain par les vieillards (R. D., 60).

Très belle épreuve.

170 — Les Douze Mois, ou les différentes occupations des
hommes pendant le cours de l'année (R. D., 185-196).
Douze pièces.

Très belles épreuves.

171 — L'Enlèvement d'Hélène, d'après Raphaël (R. C., 307).

Très belle épreuve.

DEMARTEAU

172 — Rubens à l'âge de trente ans, gravé aux trois crayons, d'après Watteau.

Belle épreuve.

DENON (V.)

173 — Portrait d'un jeune enfant, d'après Greuze.

Belle épreuve, toute marge.

DESNOYERS (Aug. Boucher)

174 — *Marie-Louise,* — S. M. le roi de Rome, d'après Gérard. Deux portraits in-4.

Belles épreuves.

DESPREZ (A Paris chez Fr.) xvi⁰ siècle

175 — Histoire du siège de Troyes. Trois pièces gravées sur bois.

Belles épreuves.

DIÉTRICY (Cn. W.)

176 — La Descente de croix, — Le Charlatan, — La Nativité, — Saint Jean prêchant, — Le Baptême de l'Eunuque, — La Fuite en Egypte, — Paysages et sujets divers. Neuf pièces.

Très belles épreuves.

177 — Le Marchand de mort aux rats, — Le Rémouleur, — Le Marchand de chansons, — Paysages, etc. Six pièces.

178 — Une Femme avec ses enfants à la croisée, gravé à la manière noire.

Superbe et très rare épreuve avant le nom.

DIVERS

179 — *Henri IV,* roi de France. Soixante portraits différents.

DOLENDO (Z.)

180 — Le Grand Crucifiement, d'après J. de Gheyn.

Très belle épreuve.

DREVET (P.)

181 — *Louis XIV*, roi de France, d'après Person (D., 52).
Superbe épreuve du 1ᵉʳ état, avec l'adresse d'Audran.

182 — *Dombes* (Louis-Auguste de Bourbon, prince de), d'après De Troy (D., 60).
Très belle épreuve.

183 — *Portail* (Antoine), premier président au Parlement de Paris, d'après R. Tournières (D., 108).
Très belle épreuve du 2ᵉ état, marge.

184 — *Savoie* (Marie d'Orléans, épouse de Henri II de Savoie, dernier duc de Nemours), d'après Rigaud (D., 115).
Très belle épreuve, marge.

185 — *Titon* (Maximilien), conseiller du roi, d'après Rigaud (D., 119).
Belle épreuve.

186 — *Tressan* (L. de La Vergne de), archevêque de Rouen, d'après J.-B. Santerre (D., 31).
Très belle épreuve, marge.

DREVET, CHEREAU ET THOMASSIN

186 *bis* — *Fleury* (André-Hercule, cardinal de). Trois portraits différents, d'après Rigaud et Autreau. 30 épreuves de ces trois portraits.

DUBOIS (B.)

186 *ter* — La Bergère debout. (R. D., 2.)
Belle épreuve. Rare.

DU JARDIN (C.)

187 — L'Œuvre de C. du Jardin. En cinquante-deux pièces.
Epreuves avant que les planches fussent rapetissées. Le titre est sans adresse et les numéros sont aux planches.

DÜRER (Albert)

188 — L'Homme de douleur aux mains liées (B., 21).
Belle épreuve.
189

DURER (ALBERT)

189 — L'Homme de douleur assis (B., 22).
Belle épreuve.

190 — La Face de Jésus-Christ (B., 25).
Très belle épreuve.

191 — La Vierge donnant le sein à l'enfant Jésus (B., 36).
Très belle épreuve.

192 — L'Enfant prodigue (B., 28). ⸺
Belle épreuve.

193 — La Vierge allaitant l'enfant Jésus (B., 34). ⸺
Très belle épreuve

194 — La Vierge donnant le sein à l'enfant Jésus (B., 36).
Bonne épreuve.

195 — La Vierge couronnée par un ange (B., 37).
Belle épreuve.

196 — La Vierge à la poire (B., 41).
Très belle épreuve avec une petite marge.

197 — La Sainte Famille (B., 43).
Magnifique épreuve du 1er état, avant les rayures sur la planche et avec beaucoup de barbes. Extrêmement rare en cet état.

198 — La même estampe.
Bonne épreuve avec les rayures.

199 — Saint Christophe à la tête retournée (B., 51).
Très belle épreuve.

200 — Saint Georges à pied (B., 53). ⸺
Très belle épreuve.

201 — Saint Sébastien attaché à une colonne (B., 56), La Vierge allaitant l'Enfant Jésus (B., 34). — Deux pièces.

202 — Saint Eustache ou saint Hubert (B., 57).
Superbe épreuve. Collection Posonyi.

203 — La même estampe.
Très belle épreuve, mais manquant de conservation.

DURER (Albert)

204 — Sain Jérôme en pénitence (B., 61).
Très belle épreuve.

205 — Saint Jérome. Petite pièce ronde (B., 62), — Le Jugement de Paris (B., 65).
Belles épreuves des copies faites par A. Petrak.

206 — Sainte Geneviève (B., 63).
Belle épreuve.

207 — La Sorcière (B., 67).
Belle épreuve.

208 — La Famille du satyre (B., 69).
Bonne épreuve.

209 — L'Enlèvement d'Amymone (B., 71).
Très belle épreuve.

210 — L'Effet de la jalousie (B., 73).
Très belle épreuve.

211 — L'Effet de la jalousie (B., 73).
Belle épreuve.

212 — Le Groupe des quatre femmes nues (B., 75).
Belle épreuve.

213 — La Grande Fortune (B., 77).
Très belle épreuve, plus la copie en contrepartie. Deux pièces.

214 — La Petite Fortune (B., 78), — Le Petit Courrier (B., 80).
Deux pièces.
Bonnes épreuves.

215 — L'Assemblée des gens de guerre (B., 88).
Superbe épreuve, mais doublée et réemmargée.

216 — Le Paysan de marché (B., 89).
Très belle épreuve avec marge.

217 — Le Seigneur et la Dame (B., 94).
Très belle épreuve, mais restaurée.

DURER (ALBERT)

218 — Le Petit Cheval (B., 96).
Très belle épreuve.

219 — Le Grand Cheval (B., 97).
Magnifique épreuve avec une petite marge.

220 — Frédéric, électeur de Saxe (B., 104).
Deux épreuves.

221 — Erasme de Rotterdam (B., 107).
Très belle épreuve.

222 — La Passion de Jésus-Christ. Suite de douze estampes (B., 4-15, des gravures sur bois). Manque le titre.
Bonnes épreuves.

223 — La Passion de Jésus-Christ. Suite de trente-sept estampes (B., 16-52).
Bonnes épreuves.

224 — L'Apocalypse de saint Jean. Suite de seize estampes (B., 60-75).
Épreuves avec texte latin.

225 — La Vie de la Vierge. Suite de vingt estampes (B., 76-95).
Epreuves avec texte au verso. Trois pièces, complétant cette suite, sont des copies par Marc-Antoine, d'après Durer.

226 — La Vierge assise, ayant l'enfant Jésus sur le bras gauche (B., 101), — Saint Elie (B., 107, — Saint Jean l'évangéliste et saint Jérôme (B., 112). Trois pièces.
Très belles épreuves.

227 — La Sainte Trinité (B., 122).
Très belle épreuve.

227 bis — La Grande colonne. (B., 129. — Pass., 129.)
Superbe épreuve de premier tirage, d'une extrême rareté. Deux des quatre pièces sont des dessins à la plume.

228 — Morceaux de l'arc triomphal de l'empereur Maximilien (B., 138).
Anciennes épreuves, mais manquant de conservation.

229 — Char triomphal de l'empereur Maximilien Ier. Suite de huit planches (B., 139).
Reproduction d'après la première édition datée de Nuremberg, 1522.

DURER (ALBERT)

230 — Six ronds qui offrent des dessins de broderie en blanc sur un fond noir. Suite de six planches connues sous le nom de dédales (B., 140-145).

Très belles épreuves. Rares.

231 — Deux dessins du globe céleste (B., 151-152). Deux pièces coloriées.

Belles épreuves.

232 — *Varnbühler* (Ulrich) (B., 155).

Superbe épreuve, imprimée en clair-obscur de trois planches.

233 — Le même portrait.

Très belle épreuve.

233 *bis* — La Sainte Famille. (B., app. 10.)

Belle épreuve.

234 — *Charles V*, à mi-corps (B., 41, de l'app. des gravures sur bois.

Très belle épreuve.

235 — Saint Martin, — Sainte Barbe, — Sainte Catherine, — Sujets de la grande Passion et de l'Apocalypse, etc. Vingt pièces.

Anciennes épreuves.

236 — Planches de la grande Passion, — La petite Passion, gravée par Marc-Antoine, etc. Trente-sept pièces.

Epreuves de tirage postérieur.

237 — Portraits d'Albert Durer, par Hollar et Melchior Lorch. Deux pièces.

DURER (A.) ET L. DE LEYDE

238 — Partie de l'œuvre de ces deux maitres, gravures sur cuivre et sur bois. La Passion et la Vie de la Vierge, gravées par Marc-Antoine Raimondi, d'après Durer. Cent soixante-quinze pièces renfermés en 1 vol. in-fol. cart.

Belles épreuves, dont quelques copies.

DURER, ALDEGREVER ET PENCZ

239 — Quatre-vingt pièces de l'œuvre de ces maitres, originaux et copies.

DUVAL (Marc)

240 — Portraits réunis des trois frères Coligny (R. D., 5).
Très belle épreuve, manquant de conservation.

DUVET (J.)

240 bis — Sujets de l'Apocalypse de saint Jean. R. D., 31. — 36. — 40. — et 47. Quatre pièces.
Superbes épreuves.

241 — Planche de la suite de l'Apocalypse (R. D., 46), — Des animaux de toute espèce rassemblés sur les bords d'une fontaine pour s'y désaltérer (R. D., 59). Deux pièces.
Belles épreuves.

DYCK (Ant. Van)

242 — Le Titien considérant sa maitresse (Dutuit. B).
Belle épreuve avec l'adresse de A. Bon Enfant.

243 — *Snyders* (François), peintre de chasses, d'animaux et de fruits (Dut., 1).
Très belle épreuve de la planche terminée par Neefs, avec les lettres G. H.

244 — Erasme (Didier), de Rotterdam (Dutuit, 4).
Très belle et rare épreuve avant la lettre et le trait de bordure.

244 bis — *Momper* (Josse de), peintre de paysages.
Très rare épreuve du 1er état, avant toutes lettres, lavée de bistre dans certaines parties.

245 — *Vos* (Paul de), peintre de batailles et de chasses (Dut., 11).
Très belle épreuve du 2e état, la planche terminée, avec l'adresse de Meyssens.

246 — *Momper* (Josse de) (Dut., 19).
Très belle épreuve de la planche terminée par Vorsterman, avec l'adresse de Martin Vanden Enden et avant le nom de Vorsterman.

DICK (d'après Ant. Van)

247 — **Iode (P. de).** *Nole* (André Colyns de), statuaire d'Anvers (Dut., 41).
>Superbe épreuve avant le nom du graveur.

248 — **Iode (P. de).** *Urphé* (Geneviève d'), veuve de Ch. Alexandre de Croix (Dut., 45).
>Très belle épreuve du 3e état, avec l'adresse de Martin Vanden Enden.

249 — **Anonyme.** *Opstal* (Antoine van), peintre de portraits à Bruxelles (Dut., 155).
>Très belle épreuve avant l'adresse de Jacobus de Mau.

250 — **Natalis (M.).** *Ernestina,* princesse de ligne, comtesse de Nassau (Dut., 146).
>Belle épreuve du 1er état, avec l'adresse de Meyssens.

EARLOM (R.)

251 — The Royal academy of arts de Londres, d'après J. Zoffani.
>Très belle épreuve.

252 — Bacchanale, d'après Rubens.
>Très belle épreuve avant la lettre, marge.

ÉCOLE ALLEMANDE, XVIe SIÈCLE

253 — Suzanne au bain surprise par les vieillards. Grande pièce en largeur gravée sur bois.
>Très belle épreuve. Rare.

254 — La Nativité. Grande pièce en largeur gravée sur bois.
>Très belle épreuve. Rare.

255 — Usages et coutumes des Turcs. Grande planche en forme de frise, gravée sur bois. Manque la partie droite représentant la vue de Constantinople.
>Belle épreuve.

256 — Sujets religieux et autres et illustrations de livres. 43 pièces.

257 — Gravures sur bois du seizième siècle. Epreuves postérieures et reproductions. 58 pièces.
>Très belles épreuves.

ÉCOLE ITALIENNE

258 — Portraits de jurisconsultes italiens du treizième au quinzième siècle. Suite de 24 portraits gravés vers l'an 1560. Manque le n° 18. 13 pièces.

Très belle épreuve.

ÉCOLE FLAMANDE

259 — Les Mois de l'année. Suite de douze estampes dans des bordures ornementées.

Très belles épreuves. Rares.

ÉCOLE FRANÇAISE, XVIIe SIÈCLE

260 — Les Sens. Suite de cinq estampes in-fol. imprimés au milieu d'une bordure composée de fleurs variées. Publiées à Lyon.

Très belles épreuves, avec marge.

ÉCOLE FRANÇAISE, XVIIIe SIÈCLE

261 — Vénus et l'Amour, — L'Hiver, — L'Art de plaire, — L'Automne, — Bustes de jeunes femmes. Sept pièces gravées en couleur, d'après Lavreince, Huet, Merelle, Barbier, etc.

Belles épreuves.

262 — Arlequin et Colombine. Pièce gravée à l'eau-forte.

Très belle épreuve. Rare.

263 — Urania, — La Belle Anglaise, — La Jeune Bouquetière, — La Belle Espagnole, — Le Repos de Cérès. Portraits et sujets divers. 14 pièces en noir et en couleur.

EDELINCK (G.)

264 — *Arnaud* (Ant.), d'après J.-B. Champagne (R. D., 140), — *Savary* (Jacques), d'après Coypel (R. D., 316), — *Bossuet* (J. B.), d'après Rigaud (R. D., 156). Trois portraits.

Belles épreuves.

265 — *Pascal* (Blaise) (R. D., 200).

Très belle épreuve.

EVERDINGEN (A.-V.)

266 — Six pièces de son œuvre gravées à l'eau-forte.

Belles épreuves.

EYNHOUEDTS (ROMBAUT)

267 — Le Tableau de la chapelle où est le tombeau de P.-P. Rubens, dans l'église Saint-Jacques, à Anvers, d'après Rubens. (B., 18 de l'histoire et allégories sacrées.)

Belle épreuve.

FABER (J.)

268 — L'Ecole de jeunes filles, d'après P. Mercier.

Très belle épreuve.

FALCK (J.)

269 — *Sewedh Both* (Friherre), d'après Cooper. 1650. In-fol.

Très belle épreuve

FICQUET (A.)

270 — *La Fontaine* (Jean de), d'après Rigaud (F., 61).

Très belle épreuve au ruisseau blanc.

271 — *La Mothe le Vayer* (F. de), d'après Nanteuil, — *Fagon* (Guy-Cressant), d'après Rigaud, — *De la Cour Damonville* (Michel), d'après Le Mire. Trois portraits.

Belles épreuves.

272 — *Molière* (J.-B. Poquelin de), d'après Coypel (F., 101).

Très belle épreuve.

273 — *Hondius* (Abraham). — *Verkolie* (Jean). — *Steen* (Jean), — *Weeninx* (J.-B.). Quatre portraits pour la vie des Peintres de Descamps.

Très belles épreuves avant la lettre, grandes marges.

274 — *Meulen* (Antoine-François van der), d'après Largillière (F., 96).

Superbe épreuve avec le nom de Ficquet écrit à la pointe au bas de la droite, grande marge.

FLAMENG (L.)

274 *bis* — La Leçon d'anatomie. — Les Sindics de la halle aux draps. Deux pièces d'après Rembrandt.

Épreuves d'artiste, avec les portraits dans le milieu des marges du bas; signées du graveur. Sur japon.

FRAGONARD (d'après H.)

275 — Le Génie de Franklin.

Très belle épreuve. Rare.

276 — Le Pot au lait, par N. Ponce.

Très belle épreuve.

FREUDEBERG (d'après S.)

277 — La Visite au châlet, — Le Repas rustique, — Le Retour du marché, — L'Hospitalité suisse. Suite de quatre pièces.

Très belles épreuves en couleur. Rares.

GAULTIER (L.)

278 — La Vie de Notre-Seigneur Jésus-Christ. 87 pièces.

Très belles épreuves sans texte au verso.

279 — *Médicis* (Marie de), reine de France. In-8.

Très belle épreuve.

GAUTIER-D'AGOTY

280 — Les Deux amants, d'après Teniers. — Figures d'un livre d'anatomie. Quatre pièces gravées en couleur.

Belles épreuves.

GELLÉE (Claude)

281 — Son œuvre en trente pièces gravées à l'eau-forte, plus sept compositions gravées d'après lui, par D. Barrière. 1 vol. in-8 obl., cartonné.

Bonnes épreuves.

GENOELS (Abraham)

282 — Les Deux Guerriers (B., 18), — Paysages (B., 34-36-37), — Le Jeune homme montrant le mausolée (B., 56), —Le Mausolée à six colonnes (B., 59). Sept pièces.

Belles épreuves.

GÉRICAULT (TH.)

283 — Un Etal de boucher à Londres. Pièce gravée au trait.
Très belle épreuve.

GHEYN (J. DE)

284 — *Clusii* (Ch.), — *Grotius* (Hugues), dans sa jeunesse, — *Condé* (Henri de Bourbon, premier prince de). Trois portraits in-8 et in-fol.
Très belles épreuves.

GHISI (G. et DIANA)

285 — Vénus embrassant Adonis au retour de la chasse (B., 40). — Cupidon couché sur un lit près de Psyché (B. 45). — Marche d'une compagnie de cavaliers romains, frise en trois planches (B. 45). Trois pièces.
Très belles épreuves.

GILLOT (CL.)

286 — Les Ages de la vie. Suite de quatre estampes en hauteur.
Très belles épreuves.

287 — Fête de Diane, — Fête du dieu Pan, — Fête de Bacchus. — Fête de faune. — La Naissance. — L'Education. — Le Mariage, — Les Obsèques, — Réunion de diables et de sorcières, — Scènes de la comédie italienne. 21 pièces.
Très belles épreuves, grandes marges.

GOLTZIUS (H.)

288 — David, Salomon et les autres prophètes qui ont prédit la venue de Jésus-Christ, rassemblés au bas d'une espèce d'autel où est représenté le mystère de l'Incarnation (B., 13).
Très rare épreuve d'un état non décrit, avant toutes lettres.

289 — La Passion de Jésus-Christ. Suite de douze estampes (B., 27-38).
Très belles épreuves.

GOLTZIUS (H.)

290 — *Forestus* (Pierre), docteur en médecine (B., 169).
Très belle épreuve.

291 — *Nicquet* (B., 177).
Très belle épreuve.

292 — Le Dieu Mars (B., 229 et 230), — Hercule tuant Cacus (231), — Quelques divinités de la fable (B., 232-237). Quatre pièces de cette suite. — Un Magicien faisant ses enchantements (238), — Différents paysages (B., 242-243). — Un sujet de marine (246). Quatorze pièces gravées sur bois et imprimées en camaïeux.
Très belles épreuves.

GOTTLAND (P.)

293 — *Grumpach* (Guillaume de) Gravure sur bois, in-fol.
Belle épreuve.

GOUDT (le comte de)

294 — Son œuvre gravé en sept pièces.
Très belles épreuves.

GOYA (F.)

295 — Philippe III, — Philippe IV, — Isabelle de Bourbon, — Marguerite d'Autriche, — Don Gaspar de Guzman. Cinq portraits in-fol. équestres, d'après Velasquez. — Œsopus, — Mœnipus. Sept pièces.

GOYRAND (Cl.)

296 — Composition allégorique en l'honneur du cardinal de Richelieu, créé surintendant général de la navigation en 1627, date de la suppression de l'amirauté. In-fol. en largeur.
Très belle épreuve.

GREEN (V.)

297 — *Rupert* (le Prince), d'après Rembrandt. In-fol. en manière noire.
Superbe épreuve. Rare.

GREUZE (d'après J.-B.)

298 — L'Oiseau mort, — La Pelotonneuse. Deux pièces faisant pendants, gravées par J. Varin.
Très belles épreuves, imprimées en sanguine.

298 *bis* — Les Premières leçons de l'amour, par Voyez l'aîné.
Très belle épreuve avant toute lettre, avec les armes.

GRIMOU (d'après)

299 — La Jeune Laborieuse, — La Jeune Studieuse. Deux pièces faisant pendants, gravées par Levillain.
Belles épreuves.

GRUN (HANS BALDUNG)

300 — Descente de croix (B., 5), — La Conversion de saint Paul (B., 33), — Groupe de sept chevaux dans un bois (B., 56). Trois pièces.
Belles épreuves.

301 — Jésus-Christ et les douze apôtres. Suite de treize estampes dont nous n'avons que dix (B., 6-18).
Belles épreuves.

302 — Saint Sébastien (B., 37).
Belle épreuve.

HACKAERT (JEAN)

303 — Différents paysages. Suite de six estampes en largeur (B., 1-6).
Très belles épreuves du 1er état, avec l'adresse de Clément de Jonghe.

HAEFTEN (N. VAN)

304 — Médecin aux urines, une fiole à la main (Rigal, 4), — Deux fumeurs à table (R., 6), — Trois femmes à table (8), — Le Roi de la fève. Quatre pièces gravées à l'eau-forte.
Très belles épreuves. Rares.

HAGEDORN

305 — Paysages et études de têtes gravées à l'eau-forte, composant l'œuvre de Hagedorn. Cinquante-deux pièces.

Très belles épreuves.

HALUECH (A.)

306 — *Médicis* (Marie de), reine de France. In-fol.

Bonne épreuve.

HECKE (Jean-Vanden)

307 — Divers animaux. Suite de douze estampes dont nous n'avons que dix (B., 1-12).

Très belles épreuves.

HEEMSKERCK (Martin Van Veen, dit)

308 — Judith et Holopherne.

Rare épreuve du 1er état.

HEIL (Léon Van)

309 — Une danse de seize personnes auprès d'un grand arbre, d'après Rubens (B., 41 des allégories). *L.*

Très belle épreuve. Rare.

HENRIQUEL-DUPONT

310 — Le Christ descendu de la croix, d'après Paul Delaroche.

Épreuve avant la lettre, sur chine.

311 — La Vierge et l'Enfant Jésus, d'après Raphaël.

Trois épreuves sur chine, artiste, avant la lettre et avec la lettre.

312 — Portrait de M. Bertin, d'après Ingres.

Épreuve d'artiste.

313 — *Rachel*, d'après Lehmann, — *Brongniart* (A.). Deux portraits in-fol.

Belles épreuves.

HIRSCHVOGEL (Aug.)

314 — Les Armoiries de Lassla d'Edlasperg, 1545 (Pass., 144).

Très belle épreuve.

HOLLAR (W.)

315 — Jésus-Christ descendu de la croix, d'après H. Holbein.
Très belle épreuve, marge.

316 — Les Saisons. Suite de quatre pièces en hauteur.
Belles épreuves imprimées sur papier fort.

317 — Les Saisons anglaises, 1641. Suite de quatre pièces in-fol. en hauteur.
Très belles épreuves.

318 — Le Lièvre suspendu, d'après P. Bœl.
Très belle épreuve.

319 — Trois Tigres et deux enfants, — Des Lions, — La tête de chat, — Buckenklingen près Nuremberg, — Cérès changeant Stellion en lézard, etc. Sept pièces.
Belles épreuves.

320 — Bacchanales d'enfants. Suite de huit estampes, dont un titre, d'après P. Van Avont.
Très belles épreuves.

321 — Theatrum mulierum. Trente-sept pièces, dont un titre.
Belles épreuves.

322 — Costumes de femmes de divers pays. Vingt-quatre pièces in-8.
Belles épreuves.

323 — Poignées d'épées, fourreaux de sabres et de couteaux. Quatre pièces, d'après Holbein.
Très belles épreuves.

324 — Vue de la ville de Gratz, en deux feuilles, — Cloître et Jardin de Altorff. Deux pièces.
Très belles épreuves.

325 — *Charles II*, d'après Van Dyck. In-fol.
Très belle épreuve du 1er état avant l'adresse de Meyssens.

326 — *Lenox* (Elisabeth Villiers, duchesse de), d'après Van Dyck.
Très belle épreuve avec l'adresse de Meyssens.

HOLLAR (W.)

327 — *Lenox* (Elisabetha Villiers, duchesse de), d'après Van Dyck, — *Harvey* (Elisabetha), d'après Van Dyck. Deux portraits in-fol.

Très belles épreuves.

328 — *Molder* (Jean), évêque d'Anvers, d'après Van Dyck.

Belle épreuve.

329 — *Wael* (Lucas et Corneille de), d'après Van Dyck.

Très belle épreuve.

330 — Portraits d'hommes et de femmes, d'après Holbein, Schongauer, Van Dyck, etc. Costumes. Vingt-deux pièces.

Très belles épreuves.

331 — Portraits de femmes de divers pays, représentées en bustes dans des médaillons. Dix pièces.

Très belles épreuves.

HONDIUS (H.)

332 — Paysannes ivres conduites par leurs maris.

Belle épreuve.

HONDIUS ET DELFF

333 — *Heinio* (P.). — Cullenborch (le comte F. de). Deux portraits in-fol.

Belles épreuves.

HOOGHE (R. DE)

334 — Le Parc d'Anguien. Grande pièce en largeur en deux planches.

Très belle épreuve.

HOPFER (LES)

335 — Sujets religieux et de genre. Vases et ornements divers Vingt-deux pièces.

Belles épreuves.

HOUE (P. ᴅᴇ Lᴀ) excudit

336 — *Montpensier* (Henri, duc de). In-8.
Très belle épreuve.

HUET (d'après J. B.)

337 — Le Berger entreprenant, par Demarteau, en couleur.
Très belle épreuve.

338 — Le Départ de campagne, — La Bergère récompensée.
Deux pièces gravées en couleur, par Jubier.
Belles épreuves.

339 — Le jeune Berger, par Demarteau, en couleur.
Belle épreuve.

340 — Le Matin, par Demarteau, en couleur.
Très belle épreuve.

341 — Portrait de Mme Huet lisant, gravée aux trois crayons,
par Demarteau.
Belle épreuve.

HUET, BOUCHER ᴇᴛ **LAGRENÉE** (d'après)

342 — Portraits et bustes de jeunes femmes, dans des médaillons, avec bordures, gravés aux crayons de couleur,
par Bonnet et Demarteau. Onze pièces.
Belles épreuves.

IODE (P. ᴅᴇ)

343 — Le Couronnement de sainte Catherine, d'après Rubens
(B., 16 des sujets de saintes).
Superbe épreuve avec l'adresse de J. Meyssens.

JANINET (F.)

344 — Mlle Du T. (Duthé), 1779, d'après Lemoine. Grand in-4,
en couleur.
Superbe épreuve avec marge. Très rare.

345 — *Dugazon* (Mme), rôle de Babet, dans Blaise et Babet.
In-8, en couleur.
Très belle épreuve, marge.

JANINET (F.)

346 — *Colombe* (M^llc) l'aînée, dans la colonie. In-8, en cou
leur.

> Belle épreuve.

347 — *Henri IV*, roi de France, — *Sully* (Maximilien de Bé-
thune, duc de). Deux portraits in-fol. en couleur, d'après
Porbus.

> Très belles épreuves.

348 — Noce de village, — Le Repas des moissonneurs. Deux
pièces faisant pendants, gravées en couleur, d'après
Wille fils.

> Très belles épreuves, sans marge.

349 — Les Nourrices, d'après Boucher.

> Très belle épreuve imprimée en bistre.

350 — Le Nouvelliste, d'après Ostade.

> Belle épreuve, en couleur.

351 — La Baraque rustique, — Intérieur de cabaret. Deux
pièces gravées en couleur, d'après Ostade.

> Belles épreuves.

JEAURAT (d'après Et.)

352 — La Coquette, — L'Économe, — La Dévote, — La Sça-
vante. Suite de quatre pièces gravées par Michel Aubert.

> Très belles épreuves.

JEGHER (Christophe)

353 — Susanne au bain, d'après P.-P. Rubens, — Repos
en Egypte, d'après P.-P. Rubens. Imprimé en clair-
obscur. Deux pièces.

> Très belles épreuves.

354 — Repos en Egypte, — Silène ivre soutenu par un satyre
et un faune. Deux pièces, d'après Rubens.

> Très belles épreuves.

JEGHER (CHRISTOPHE)

355 — L'Enfant Jésus et saint Jean, — Jésus-Christ tenté dans le désert, — Le Couronnement de la Vierge. Trois pièces d'après Rubens.

Très belles épreuves.

356 — Le Jardin d'amour, d'après P.-P. Rubens. Grande estampe en deux feuilles.

Très belle épreuve.

357 — Un Portrait d'homme, gravé en clair-obscur, d'après Rubens. B. 88, des portraits.

Très belle épreuve.

JOBIN (BERNARD)

358 — L'Horloge astronomique de la cathédrale de Strasbourg, avec inscription et vers (Pass., tome IV. P. 333, n° 2).

Très belle épreuve. Rare.

359 — Mathias *Flaccio*, pasteur protestant. In-fol. gravé sur bois.

Très belle épreuve, non décrit.

KARTARUS (MARIUS)

360 — Jésus-Christ dans le prétoire (B., 4).

Très belle épreuve.

KOBELL (JEAN)

361 — Les Deux Vaches, — La Vache qui boit, — La Vache et les deux moutons, — Le Cheval près du chariot. Quatre pièces.

Très belles épreuves.

LAER (P. DE)

362 — Différents animaux (B., 1-8), — Différents chevaux. Suite de six estampes (B., 9-14), — La Famille (B., 15), — Les Deux Cavaliers (B., 17), — Le Paysage (18), — La Femme assise (19), — Le Cavalier. (20). Vingt-cinq pièces, dont six doubles.

Très belles épreuves.

LANCRET (d'après N.)

363 — Nicaise, — Les Deux Amis. Deux pièces gravées par de Larmessin.
Très belle épreuve avant l'adresse de Buldet.

364 — Les Saisons. Suite de quatre pièces en hauteur gravées par Le Bas, N. Tardieu, B. Audran et Scotin.
Très belles épreuves.

LASTMAN (P.)

365 — Judas et Thamar (Cl. P. 134, n° 81).
Très belle épreuve.

LAWRENCE (d'après sir Th.)

366 — Portrait d'une jeune femme en buste, coiffée d'un grand chapeau garni de plumes.
Superbe épreuve avant toute lettre.

LE BEAU

367 — *Bourbon* (Louise-Marie-Thérèse-Bathilde d'Orléans, duchesse de), d'après Le Noir. In-4.
Très belle épreuve avant le n°, marge.

LE CLERC (d'après)

368 — Le Rossignol, par de Larmessin.
Très belle épreuve avant l'adresse de Buldet.

LEPEINTRE (d'après)

369 — Le Danger de la bascule, — La Tricherie reconnue. Deux pièces faisant pendants, gravées par De Monchy.
Très belles épreuves, marges.

LE PRINCE (d'après J.-B.)

370 — Usage des Russes après le mariage et avant la noce, — L'Amour de la gloire, — Le Corps de garde, — Le Médecin clairvoyant, — Archimède, — La Récréation champêtre, — Les Modèles, — Le Marchand de lunettes, — Le Bonheur du ménage, — L'Heureuse fécondité, d'après Fragonard. Dix pièces gravées par N. De Launay, Helman, de Longueil, Gaillard, Leveau, Née e Saint-Aubin.
Très belles épreuves.

4

LEPRINCE ᴇᴛ **LAGRENÉE** (d'après)

371 — Femme de chambre russe, — Le Repos, — La Peinture aimée des grâces, — La Jardinière, etc. Neuf pièces
gravées aux crayons de couleur, par Bonnet et Demarteau.

LEU (Tʜ. ᴅᴇ)

372 — *Bar* (Henri de Lorraine, duc de), marquis du Pont
(R. D., 307).

Très belle épreuve.

LEVACHEZ

373 — Bonaparte, premier Consul de la République, dans un
médaillon au-dessous duquel est représentée la Revue
du Quintidi dans la cour des Tuileries. In-fol. en couleur.

Superbe épreuve.

LEYDE (L. ᴅᴇ)

374 — L'Histoire de la création et de la chute du premier
homme (B., 1-6).

Bonnes épreuves.

375 — Loth enivré par ses filles (B., 16), — Jésus-Christ
tenté par le démon (41), — Saint Pierre (87), — Tentation de saint Antoine (117), — Saint Dominique (118),
— Saint Gérard Sagrédius (119), — Sainte Madeleine
debout sur des nuages (124); — Lucrèce (134), — Le
Poète Virgile suspendu dans un panier, — Mars et Vénus (137), — La Promenade (144), — L'Homme à la
torche (147), — La Femme à la biche (153), etc. Quinze
pièces.

376 — La Passion de Jésus-Christ. Suite de quatorze estampes
(B., 43-56).

Belles épreuves des copies de J. Muller.

377 — Jésus-Christ en prière à la montagne des Oliviers
(B., 66).

Très belle épreuve.

LEYDE (L. DE)

378 — La Sainte Famille (B., 85).
Belle épreuve.

379 — Saint Jean-Baptiste dans le désert (B., 110).
Très belle épreuve.

379 *bis* — L'Homme à la torche (B. 147).
Belle épreuve.

380 — Une composition d'ornement (162), — Les Enfants guerriers (165), — Un Ecusson rempli par un mascaron (167). Deux épreuves, — Les Armes de la ville de Leyde (168), — Deux rinceaux d'ornement (169). Six pièces.

381 — Portrait d'un jeune homme (B., 174).
Belles épreuves.

382 — Adam et Eve (B., 1, des gravures sur bois), — Abraham allant sacrifier son fils (B., 3). Deux pièces.
Très belles épreuves.

383 — Les douze rois d'Israël, représentés à cheval et dirigeant leurs pas vers la gauche. Suite de quatre pièces qui peuvent se joindre ensemble (B., 14, des gravures sur bois).
Très belles épreuves.

LIVENS (J.)

384 — Saint Jérôme (Cl., 5), — Figure orientale (12), — Buste d'homme (15), — Jeune femme (25), — Une Tête orientale (18). Cinq pièces.
Très belles épreuves.

385 — Buste d'homme (Cl., 28), — Buste de vieille (30), — Tête d'homme (51), — Saint Jean et saint Marc (63-64), — Buste de vieillard (Cl., 37, des pièces douteuses). Six pièces.
Très belles épreuves.

LITHOGRAPHIES

386 — Croquis lithographiques, par Hor. Vernet. Année 1821. Chez Delpech. Douze pièces dans la couverture de publication.

387

LITHOGRAPHIES

387 — Albums lithographiques, ou recueils de dessins sur pierre, par des artistes français. Années 1821-1822 et 1823. Chez Delpech. Trente planches en trois livraisons, avec les couvertures de publication.

LOCHON (Michel Van)

388 — La Vue du pont Neuf comme il se présente à l'œil du pont des Tuileries.

Très belle épreuve.

389 — La Mode des habits et vestementz des femmes de diverses nations. Suite de quatorze estampes représentant chacune deux figures vues à mi-corps; au-dessous de chaque personnage, un quatrain.

Très belles épreuves. Rares.

LORCH (M.)

390 — La Taupe. 1548 (B., 5).

Belle épreuve.

391 — Une Dame habillée à l'orientale (B., 3, des gravures sur bois).

Belle épreuve.

LUTMA (Jean)

392 — Trois portraits gravés au maillet, savoir : *P.-C. Hooft*, historiographe, — *Lutma* (J.), — Vondel, poète hollandais.

Très belles épreuves.

MABUSE (J. de)

393 — Hercule tuant Cacus. Pièce gravée sur bois. In-fol.

Très belle épreuve.

MAIR (N.-A.)

394 — Une Maison d'architecture gothique, ornée de statues (B. T., 6., P., 370).

Bonne épreuve.

MAITRE ANONYME DU XVᵉ SIÈCLE

395 — Le Christ en croix, avec la Vierge et saint Jean de chaque côté de la croix. Gravure coloriée provenant d'un missel.

Pièce très rare imprimée sur vélin.

MAITRE E. S., graveur de l'an 1466

396 — Le Saint Suaire (B., 86).

Très belle épreuve, mais doublée. Rare.

MAITRE ALLEMAND A L'INITIALE S., XVIᵉ SIÈCLE

397 — La sainte Vierge debout dans une niche ornementée ; elle est couronnée par deux anges. Pièce non décrite. Hauteur, 67 millimètres ; largeur, 50 millimètres.

Très belle épreuve.

398 — L'Enfant prodigue ; il est représenté à genoux, et implorant la miséricorde divine. Petit morceau en hauteur, dans un cadre cintré du haut et entouré d'arabesques. Rare et non décrit.

Très belle épreuve.

MAITRE AU MONOGRAMME V. G.

399 — Une Vierge folle, à mi-corps, d'après Martin Schongauer (B. T. 6, P. 390, nº 1).

Superbe épreuve.

MAITRE AU MONOGRAMME J. M. S.

400 — La Vierge donnant du fruit à l'enfant Jésus (B., T. 7, P. 546, nº 2).

Très belle épreuve d'une grande rareté.

MAITRE AU MONOGRAMME H. E.

400 *bis* — Les Dieux marins (B., t. XV. P. 462. nº 3).

Très belle épreuve.

MAITRE ANONYME DU XVIᵉ SIÈCLE.

401 — Roting (Michel). Gravé sur une planche ronde.

Belle épeuve du 1ᵉʳ état avant la lettre, plus une épreuve avec la lettre. Deux pièces.

MAITRE ANONYME DE L'ÉCOLE DE FONTAINEBLEAU

402 — Saint Jean prêchant dans le désert (B., 38).
Très belle épreuve. Rare.

403 — Clélie et ses compagnes traversent le Tibre, et s'échappant du camp de Porsenna où elles étaient prisonnières, d'après J. Romain (B., 49).
Très belle épreuve.

MANTEGNA (ANDREA)

403 bis — La Flagellation (B., 1).
Très belle épreuve.

MARATTI (C.)

404 — Jésus adoré par les anges (B., 4), — La Sainte Vierge et la Madeleine (B., 6), — La Sainte Vierge et le petit saint Jean (B., 9), — Le Mariage de sainte Catherine (B., 10). Quatre pièces.
Très belles épreuves.

MARIN (L.)

405 — The Pleasures of education, en couleur.
Très belle épreuve.

406 — La Laitière, — La Fleuriste. Deux bustes de jeunes femmes en couleur, dans des bordures rehaussées d'or.
Belles épreuves.

MARINUS (IGNACE)

407 — Vieux paysan et jeune paysanne assis devant un tonneau, d'après A. Brauwer.
Superbe épreuve.

MARTENASIE

408 — L'Enlèvement des Sabines, d'après Rubens.
Superbe épreuve avant toute lettre.

MASSALOF (N.)

408 bis — Dix eaux-fortes d'après Rembrandt, par N. Massaloff. Leipzig. W. Drugulin. 1876.
Très bel exemplaire, sur japon.

MASSON (Ant.)

409 — *Abelly* (Louis), évêque de Rodez (R. D., 9).
Superbe et rare épreuve du 1er état.

410 — *Louis XIV.* Buste lauré, sur un piédouche posé sur une table (R. D., 41).
Superbe épreuve d'une pièce rarissime.

411 — *Nostre* (André Le), d'après C. Marat (R. D., 55).
Belle épreuve, marge.

412 — *Patin* (Gui), savant médecin (R. D., 59).
Belle épreuve.

MATHAM (J.)

413 — Cupidon venant trouver au lit sa chère Psyché, d'après Bloemaert (B., 76).
Très belle épreuve.

MATTEUS (C.)

414 — Le Muletier (B., 3).
Très belle épreuve.

MECKEN (Israel de)

415 — La Décollation de saint Jean-Baptiste (B., 8).
Bonne épreuve.

MEER (J. van der), le jeune

416 — La Brebis debout (B., 2).
Très belle épreuve.

MERCURY (P.)

417 — Sainte Amélie, reine de Hongrie, d'après Paul Delaroche.
Très belle épreuve avant la lettre de : Reine de Hongrie, sur chine.

418 — Jane Gray, d'après Paul Delaroche.
Superbe épreuve d'artiste, sur chine.

419 — Les Moissonneurs, d'après L. Robert.
Très belle épreuve d'artiste, signée du graveur.

MERCURY (P.)

420 — Portraits de : *Condorcet,* — *Le Tasse,* Christophe Colomb, etc.

Quatre portraits dont trois en épreuves d'artistes.

421 — *Maintenon* (Madame de), d'après Petitot.

Superbe épreuve avant la lettre, sur chine, avec dédicace.

MERIAN (M.)

422 — Carosel fait à la place Royalle à Paris le V, VI, VII avril 1612.

Superbe épreuve avec marge.

MERYON (Ch.)

423 — Partie de la Cité de Paris, vers la fin du dix-huitième siècle, sur la rive gauche de la Seine.

Superbe épreuve avant la lettre, portant la signature de Meryon.

MEYERINGH (A.)

454 — Le Mausolée (B. 8), — Le Pont (B., 12). Deux pièces.

Très belles épreuves.

MITELLI (J.-M.)

425 — Les Peintures de la galerie du palais Fava à Bologne, d'après les Carrache. Suite, de vingt estampes dont nous n'avons que treize (B., 46-58).

Très belles épreuves, reliées en 1 vol. in-fol., cart.

MIXELLE

426 — Convoy de très haut et très puissant seigneur des abus, mort sous le règne de Louis XVI, ce quatre may 1789.

Très belle épreuve. Rare.

MONNIER (H.)

427 — Galerie contemporaine, — Récréation, — Les Petites Misères humaines, — Les Grisettes, etc. Vingt-cinq pièces en noir.

Très belles épreuves, toutes marges.

MONNIER (H.)

428 — Paris vivant. Suite de vingt pièces coloriées.

Très belles épreuves, toutes marges.

429 — Vignettes in-4° en largeur pour illustrer les chansons de Béranger, en couleur.

Très belles épreuves, grandes marges.

MONSALDY

430 — *Dugazon* (Mme) d'après Isabey. In-4° en couleur.

Très belle épreuve, marge.

MOREAU (d'après)

431 — La Promenade du matin, groupe tiré des ports de France de Vernet.

Très belle épreuve avant toute lettre, marge.

432 — Suite de trente-sept estampes in-4°, dont un portrait, par divers graveurs, pour illustrer les œuvres de Rousseau, 1774-81.

Très belles épreuves.

MOREAU, LAFFITTE, GÉRARD ET PRUD'HON (d'après)

433 — Illustrations pour les œuvres de Bernardin de St-Pierre, suite de sept pièces in-4°, dont un portrait.

Très belles épreuves avant la lettre, tirées sur papier de format in-fol.

MORGHEN (R.)

434 — Célèbre Mascherata fatta nella splendissima citta de Napoli in Compagna felice nel Carnovale dell'anno 1778. Grande pièce en forme de frise.

Bonne épreuve.

MORIN (J.)

435 — *Bentivoglio* (Gui), cardinal, d'après A. Van Dyck (R. D., 43).

Très belle épreuve, avec marge.

MORLAND (d'après)

435 *bis* — The fruits of early and OEconomy. — The effects of youthful extravagance and idleness. Deux pièces faisant pendants, gravées par W. Ward.

Superbes épreuves en couleur, encadrées, sans marges.

MULLER (J.)

436 — L'Histoire de la création du monde, représentée d'une manière poétique, en une suite de sept estampes sur des planches rondes, d'après H. Goltzius (B., 35-41). Manque une pièce.

Très belles épreuves.

NAIWINCX (H.)

437 — Différents paysages. Suite de huit estampes (B., 9-16).

Très belles épreuves.

NANTEUIL (R.)

438 — *Chavigny* (Léon Le Bouthillier, comte de), d'après Champagne (R. D., 66), — *Hesselin* (Louis) (110), — *Maisons* (René de Longueil, marquis de) (166), — *Mazarin* (le cardinal), (182). Quatre portraits.

Très belles épreuves.

439 — *Novion* (Nicolas Potier de), premier président au parlement de Paris (R. D., 205).

Belle et rare épreuve du 1er état.

NATOIRE

440 — L'Automne (R. D., 6).

Rare épreuve du 1er état à l'eau-forte pure.

NICOLLE (V.)

441 — Vue perspective de la décoration et du feu d'artifice tiré à l'hôtel de ville de Paris, en présence de leurs majestés à l'occasion de la naissance de monseigneur le dauphin, le 21 janvier 1782.

Très belle épreuve. Rare.

NIELLE ITALIEN, XVᵉ SIÈCLE

442 — La Nativité (Pass., 457).

Superbe épreuve. Très rare.

NOORDT (JEAN VAN)

443 — Le Troupeau de bœufs, chèvres et moutons, d'après P. de Laer.

Très belle épreuve.

ORLEY (R. VAN)

444 — Vertumne et Pomone.

Très belle épreuve.

ORNEMENTS

445 — *Allou* (Adélaïde). Vases. Suite de six pièces gravées à l'eau-forte.

Très belles épreuves. Rares.

446 — *Blondus et Bourdon.* Ornements pour orfèvres et bijoutiers. Dix-neuf pièces.

447 — *Bouchardon* (d'après). Premier et second livre de vases inventés par Edme Bouchardon, sculpteur du roy. Suite de vingt-quatre pièces dont nous n'avons que vingt-trois. Manque le titre du premier cahier.

Très belles épreuves, toutes marges.

448 — *Bullet.* Verschyde Schoorsteen mantels nieulykx geinventeert door M. Bullet, etc., architect du roy. Cornelius Danckerts fecit à Amsterdam. Vingt-deux pièces.

449 — *Le Canu.* Suite de cheminées de différentes formes dans le goût antique. Six pièces.

450 — *Collan* (J.). Nouveau livre d'ornements gravés en taille d'épargne, enrichis de figures pour l'usage des orfèvres, graveurs, horlogers, inventé et gravé par Jacques Collan, graveur à Rotterdam. Titre et une pièce imprimés sur une même feuille.

Très belle épreuve. Rare.

ORNEMENTS

451 — *Delafosse* (J.-C.). Partie de la troisième partie de l'œuvre de Delafosse. Meubles. Cahiers A, B, E, G, L, S, V, X et Y. Trente-six pièces, en grande partie à toutes marges.

452 — Treize pièces de la même suite. Epreuves sans marges.

453 — Frises, — Tombeaux, — Vases, — Trophées, etc. Trente-sept pièces, en grande partie à toutes marges.

454 — *De Marteau, Lacollombe et Simonin.* Pièces et ornements d'arquebuserie. Quinze pièces.

455 — *Divers.* Bijoux, — Cartouches, — Frises et ornements divers, par Morison, Baumgartner, Rumpp, Roth, Goz, Drentwett, etc. Trente-huit pièces.

456 — Ornements, d'après Blondus, Simonin, Morison, etc. Vingt-sept pièces.

457 — Dessins pour bijouterie, par Gille Légaré, Briceau, Roupert et Daniel Mignot. Trente-huit pièces.

458 — *Ducerceau* (J.-A.). Meubles, — Cartouches et Cariatides. Dix-huit pièces.

459 — Vases et Aiguières. Huit pièces.
Très belles épreuves.

460 — Cartouches. Dix-sept pièces d'une suite de trente.
Très belles épreuves.

461 — Les Grotesques, ou grandes arabesques. Trente et une pièces.

462 — Modèles de serrurerie : Clefs, — Écussons de clefs, — Targettes à verrous, — Ratissoirs qui servent de heurtois, — Heurtois pour tirouers, — Supports pour enseignes, — Batterie de fusil. Suite de vingt pièces d'une extrême rareté.
Très belles épreuves. Collection Vivenel.

ORNEMENTS

463 — *Ducerceau* (J.-A.). Dessins de marqueterie, dallage, mosaïque ou entrelacs. Vingt-quatre pièces d'une suite de vingt-six.

Très belles épreuves.

464 — Détails d'architecture : Corniches, — Entablements, — Bases et Chapiteaux de colonnes. Sept pièces.

465 — Les Petits Temples. Trente-trois pièces.

466 — *Ducerceau* (P.-A.) Ornemens à la mode, frises, bordures, etc. Dix-neuf pièces, originaux et copies.

467 — *Errard* (Ch.). Divers trophées dediez à la serenissime reine de Suède, d'après P. de Caravage. 1651. Suite de six pièces.

Très belles épreuves.

468 — *Huquier* (J.-G.). Recueil de plus de six cents vases nouvellement mis au jour, composés et gravés en partie par Huquier. Neuf cahiers de chacun douze planches. Suite complète. *G. D.*

Très belles épreuves. Rare.

469 — *Lalonde.* Cahiers de bordures, A. D. et F. de l'œuvre. Dix-huit pièces.

470 — *Le Brun* (d'après Ch.). Recueil de divers dessins de fontaines et de frises maritimes, inventéz et dessignez par Monsieur Le Brun..... A Paris; chez Audran. S. D. Suite de quarante et une pièces, imprimées sur vingt-huit feuilles.

471 — Divers dessins de décorations de pavillons. Inventez par Monsieur Le Brun, premier peintre du roy. Quatorze pièces, dont un titre. *Garn.*

472 — *Loire* (N.). Dessins d'éventails et écrans, par N. Loire. Huit pièces.

ORNEMENTS

473 — *Maître P. R. K.* Suite de six pièces représentant des dessins en forme de frises, servant à la décoration des gobelets d'orfèvrerie.

Epreuves d'une édition postérieure portant des nᵒˢ de 114 à 118.

474 — *Marot* (D.). Partie de l'œuvre de D. Marot, architecte de Guillaume III, roy de la Grande-Bretagne. Cent quatre-vingt-dix pièces.

Très belles épreuves.

475 — *Percenet* (L.-N.). Première et deuxième suites de vases, composés et gravés par Percenet. Manque le titre de la première suite. Treize pièces.

476 — *Pillement* (Jean). Ornements rocaille, avec figures d'hommes et de femmes debout au milieu, gravés par Pillement. Suite de quatre pièces.

Très belles épreuves. Rares.

477 — *Roumier* (François). Ouvrages de plusieurs trophées de sculpture en bois, faits au chœur de l'église des Révérends Pères Jacobins du noviciat, au faubourg Saint-Germain de Paris... Dessiné, exécuté et gravé par François Roumier, sculpteur du roy. Suite de douze pièces imprimées sur six feuilles.

Superbes épreuves avec marges. Rares.

478 — *Schübler.* Motifs d'ornements et lits. Douze pièces.

479 — *Schutz* (C.). Vases avec ruines et monuments d'architecture. Quatre pièces.

480 — *Toro.* Vases. Six pièces.

Très belles épreuves, toutes marges.

481 — *Venitien* (A.). Quatre pièces de la suite des chapiteaux, etc. (B., 525, 529, 531, 533), — L'Autel de l'Amour (B., 536), etc. Six pièces.

Très belles épreuves.

482 — *Voisin.* Chandeliers. Cinq pièces gravées par Fay.

ORNEMENTS

483 — *Wierix* (H.). Les sept psaumes de la Pénitence. Le titre et les psaumes sont contenus dans des cartouches variés, genre grotesque et cuirs. Suite de huit pièces.

> Très belles épreuves avec marges.

484 — *Winter* (Ant. de). Nouveaux livres d'ornemens et d'ouvrages d'orfèvrerie les plus en usage, propres pour graver, flanquer et émailler. A Amsterdam, chez Antoine de Winter. Tomes 1er et 2e. Vingt-quatre pièces.

Verscheyde Italiense et Franse lofwercken soo met als sonder Beelden Geinventeert en gesneden door A. de Winter. Suite de douze pièces représentant des frises et des rinceaux d'orfèvrerie. Nieuwe Hang-Blakers en Kerckroonen... Amsterdam, by Cornelis Danckerts. Neuf pièces, etc. En tout cinquante pièces.

> Très belles épreuves, toutes marges.

OSTADE (A. Van)

485 — L'École (B., 17).

> Première épreuve tirée avant le travail à la pointe sèche, produisant l'effet de la manière noire.

486 — Gueux au dos courbé (B. 20).

> Epreuve du 1er état, avant que la bordure ait été renforcée au burin.

487 — L'Homme conversant avec la femme (B., 37).

> Première et très rare épreuve à l'eau-forte pure.

488 — Le Paysan lâchant de l'eau au pied d'un gros arbre. Au bas du terrain, à gauche, A. O. S. Pièce en hauteur mentionnée dans le catalogue Rigal.

> Belle épreuve.

488 *bis* — Son œuvre gravé à l'eau-forte en quarante pièces, dont quelques-unes doubles.

> Très belles et anciennes épreuves.

488 *ter* — Le même œuvre en cinquante-deux pièces.

> Épreuves postérieures.

OSTADE (A. Van)

489 — Reproduction de son œuvre gravé. Quarante pièces imprimées en couleur et montées en dessin.

Très belles épreuves. Rares.

OSTENDORFER (Michael)

490 — Pélerinage à la vieille église de la belle Vierge de Ratisbonne (Pass. 111, p. 312, n° 13).

Très belle épreuve. Rare.

PARASOLIA (H.)

491 — Une bataille, d'après A. Tempesta. Gravure sur bois en largeur.

Très belle épreuve. Rare.

PATER

492 — La Visite au camp. Pièce gravée à l'eau-forte.

Très belle épreuve. Rare.

PENCZ (G.)

493 — Différents sujets de l'Ancien Testament. Suite de dix estampes (B., 20-29).

Très belles épreuves.

494 — Suzanne surprise dans le bain par les deux vieillards (B., 26). — Porsenna recevant la nouvelle de l'évasion de Clélie et de ses compagnons (B., 81). Deux pièces.

Belles épreuves.

495 — Deux des sujets de la Fable (B., 70 et 71).

Très belles épreuves.

496 — Procris tuée par Céphale (B., 73).

Très belle épreuve.

497 — Sophonisbe (B., 82).

Très belle épreuve.

498 — Le poète Virgile exposé dans un panier à la risée de tout le peuple de Rome (B., 87).

Très belle épreuve.

PERIGNON (N.)

499 — Suites de paysages. Trente-six pièces.

Très belles épreuves avant les numéros.

PETHER (W.)

500 — *Hemsterhuys* (T.), d'après Palthe. In-folio à la manière noire. .

Très belle épreuve.

PETIT

501 — *Potier* (Joachim-François-Bernard), d'après L.-M. Van loo. In- fol. en pied.

Très belle épreuve, marge.

PICART (B.)

502 — Son œuvre, sujets divers et vignettes pour illustration de livres. Trois cent quinze pièces montées sur bristol en portefeuille.

Très belles épreuves.

PLATTE MONTAGNE (N. DE)

503 — *Médicis* (Marie de), d'après Porbus (R. D., 25).

Bonne épreuve.

POILLY (N.)

504 — *Louis XIV*, roi de France. In-fol.

Superbe épreuve.

POINSSART (J.)

505 — Pourtraict d'une tapisserie faite y a deux cens ans ou est représenté le roy Charles VII allant faire son entrée en la ville de Rheims pour y estre sacré à la conduite de la Pucelle d'Orléans, 1429.

Très belle épreuve d'une pièce rare.

PONTIUS (P.)

506 — Le Roi boit, d'après Jordaens.

Très belle épreuve avant l'adresse de Blooteling. Marge.

PONTIUS (P.)

507 — *Pierssene* (Jeremias), d'après Ant. Vanden Heuvel, — *Rockox* (Nicolas), d'après Van Dyck. Deux portraits in-fol.

Très belles épreuves.

PORPORATI

508 — Vénus qui caresse l'Amour, d'après Battoni.

Très belle épreuve.

PORTA (J.)

509 — Le Christ en croix (Pass., 37a).

Très belle épreuve du 1er état avant l'adresse et la date de 1551.

510 — Une Académie des sciences, gravé par Marcolini. Gravure en clair-obscur (Pass., 89).

Très belle épreuve.

PORTRAITS

511 — Recueil de portraits du seizième siècle, par Wierix, C. de Passe, J. de Gheyn, M. Rota, Sadeler, Kilian, Hogenberg, Th. de Leu. Deux cent quatre-vingt pièces en 1 vol. in-fol.

POTTER (Paul)

512 — Le Berger (B., 15).

Très belle épreuve avec l'adresse de Clément de Jonghe, plus une épreuve avec l'adresse effacée. Deux pièces.

PRUD'HON (d'après)

513 — Constitution française, par Copia.

Très belle épreuve avant la lettre.

514 — La Liberté, par Copia.

Très belle épreuve, marge.

515 — Le Cruel rit des pleurs qu'il fait verser, — L'Amour réduit à la raison. Deux pièces gravées par Copia.

Très belles épreuves avant la lettre.

PRUD'HON (d'après)

516 — La vengeance de Cérès, — Le Cruel rit des pleurs qu'il fait verser. Deux pièces gravées par Copia, dont une avant la lettre.

    Belles épreuves.

517 — Le Cruel rit des pleurs qu'il fait verser, par Copia.

    Très belle et rare épreuve imprimée en couleur.

518 — La Poésie, — Les Sciences, — L'Étude. Trois pièces gravées par Prud'hon fils.

    Belles épreuves.

519 — Les Arts libéraux. Douze pièces sans nom de graveur.

    Belles épreuves.

520 — L'Égratignure, par B. Roger.

    Superbe épreuve avant toutes lettres, seulement les noms des artistes tracés à la pointe, sur chine.

521 — La même estampe.

    Superbe épreuve du même état, sur blanc.

522 — Phrosine et Melidor, par B. Roger.

    Très belle épreuve avant toute lettre, seulement les noms d'artistes à la pointe.

523 — Aminta, par B. Roger.

    Très belle épreuve avant la lettre, marge.

524 — Albrocome E. Anzia, par B. Roger.

    Très belle épreuve avant toutes lettres, seulement les noms d'artistes à la pointe. Marge.

525 — L'Enflammer, — Choisir l'objet. Deux pièces gravées par Beisson.

    Très belles épreuves avant la lettre.

526 — Suite de cinq vignettes in-8, pour la Nouvelle Héloïse, gravées par Copia.

    Belles épreuves.

527 — La Soif de l'or, sans nom de graveur.

    Superbe épreuve avant toute lettre, toute marge.

PRUD'HON (d'après)

528 — *Talleyrand Périgord* (Charles-Maurice de), prince et duc de Benevent, gravé par Chapuy. In-4.

Superbe épreuve avec toute sa marge.

529 — L'Enlèvement de Psyché, — L'Impératrice Joséphine, — Innocence et amour, — Vignettes in-4 pour Daphnis et Chloé, — La Justice et la vengeance divine poursuivant le crime, — Naufrage de Virginie, — Zéphire, — L'Assomption de la Vierge, — Le Christ en croix, — La Loi, — Le Portement de croix, — Phrosine et Melidor, — La Grotte, etc. Vingt-trois pièces gravées par Mlle Bleuze, Roger, Copia, Cousins, Boscq, Leconte, Villeroy, Blanchard, etc.

Belles épreuves.

530 — La Toilette, lithographie par Maurin.

Très belle épreuve.

531 — La Richesse, — L'Étude, — L'Amour, — La Sagesse. Suite de quatre pièces gravées par A. Boilly.

Belles épreuves.

532 — Le Génie des arts, — Vénus au bain, — Joseph, — L'Ame, — L'Amour, — Une Famille malheureuse, — L'Enlèvement de Psyché, — Plafond de Diane, — Marguerite, — La Vierge, — L'Étude guide l'essor du génie, — Une Pensée, — Les Arts libéraux, — Apollon et les muses, — Thémis, — Les Saisons, — Les Heures du jour, — Le Repentir, — L'Égratignure, — La Caresse, — Caprices. Quarante-cinq pièces lithographiées par Boilly et Aubry le Comte.

Très belles épreuves.

PRUD'HON ET Mlle MAYER (d'après)

533 — L'Amour séduit l'innocence, le plaisir l'entraîne, le repentir suit, — L'Innocence préfère l'amour à la richesse. Deux pièces faisant pendants, gravées par B. Roger.

Très rares épreuves avant toutes lettres, à l'état d'eau-forte.

QUELLINUS (E.)

534 — Samson tuant un lion, d'après Rubens (B., 18 de l'A. T.). Deux épreuves, dont une avant la lettre, — Le Sauveur du monde, — Danse d'enfants et de satyres, — Le Jugement de Salomon. Cinq pièces.

> Très belles épreuves.

QUEVERDO

535 — Vignette in-4 pour le chant IX de *la Henriade*.

> Epreuve avant toute lettre à l'état d'eau-forte, plus une épreuve terminée, avec la lettre. Deux pièces.

RAIMONDI (Marc-Antoine)

536 — David vainqueur de Goliath (B., 12).

> Superbe épreuve.

537 — Le Massacre des Innocents, d'après Raphaël (B., 18).

> Bonne épreuve.

538 — Répétition de la pièce précédente (B., 20).

> Très belle épreuve.

539 — Saint Paul prêchant à Athènes, d'après Raphaël (B., 44).

> Très belle épreuve, restaurée.

540 — La Vierge assise sur des nues, d'après Raphaël (B., 47).

> Très belle épreuve.

541 — La Vierge à la la longue cuisse, d'après Raphaël (B., 57), — La même composition, gravée par Marc de Ravenne (B., 58). Deux pièces.

> Belles épreuves.

542 — Cléopâtre, par A. Venitien (B., 198), et la copie en contre-partie, — La Femme pensive (B., 460), et la copie A. Quatre pièces.

> Bonnes épreuves.

543 — Cléopâtre (B., 200).

> Belle épreuve.

RAIMONDI (Marc-Antoine)

544 — Le Triomphe, d'après A. Mantegna (B., 213).
Belle épreuve, doublée.

545 — Quatre des bas-reliefs antiques, gravés par Marc de Ravenne (B., 222-223-224 et 226).
Bonnes épreuves.

546 — Le Jugement de Pâris, d'après Raphaël (B., 245).
Belle épreuve.

547 — Le Parnasse, d'après Raphaël (B., 247).
Belle épreuve.

548 — Le Satyre et l'enfant, d'après Raphaël (B., 281).
Très belle épreuve.

549 — Le Satyre portant une nymphe, d'après Jules Romain, par Marc de Ravenne (B., 300).
Belle épreuve.

550 — L'Amour et les trois enfants. (B., 320).
Très belle épreuve.

551 — Mars, Vénus et l'Amour, d'après Mantegna (B., 345).
Bonne épreuve.

552 — La Tempérance (B., 376).
Superbe épreuve.

553 — La Philosophie, d'après Raphaël (B., 381).
Superbe épreuve. Rare.

554 — La Jeune femme entre deux hommes (B., 399).
Bonne épreuve.

555 — La Peste, d'après Raphaël (B., 417).
Très belle épreuve.

556 — Les Deux hommes nuds debout (B., 464).
Belle épreuve.

557 — Les Grimpeurs (B., 487).
Très belle épreuve.

558 — Statue équestre de Marc-Aurèle (B., 514).
Très belle épreuve.

RAIMONDI (Marc-Antoine)

559 — Dieu ordonnant à Noé de bâtir l'arche (B., 3), copié, — La Descente de croix (B., 32), copie, — Alexandre faisant serrer les livres d'Homère (B., 207), — Marche de Silène (B., 240), — Vénus blessée par l'épine d'un rosier (B., 321), — Junon, Cérès et Psyché (B., 327), — Apollon (328), — Les Trois Grâces (B., 341), copie, — Le Quos Ego (B., 352), — L'Homme aux deux trompettes (B., 356), copie, — Les Squelettes (B., 424). Onze pièces.

560 — Le Satyre et la Bacchante. Pièce non décrite par Bartsch (Pass., T. VI, p. 44, n° 289).

Très belle épreuve, mais restaurée en haut et en bas.

561 — Tarquin et Lucrèce, — Les Deux gladiateurs, — La Naissance de la Vierge, etc. Cinq pièces par E. Vico, le maître au dé, etc.

Belles épreuves.

RAPHAEL (d'après)

562 — Cupidon et les Trois Grâces. Gouache d'après une des peintures de la Farnésine.

REMBRANDT VAN RIJN

563 — Rembrandt aux cheveux crépus (Bartsch et Claussin, 1, — Charles Blanc, 204, — Dutuit, 1).

Belle épreuve.

564 — Rembrandt aux trois moustaches (B. et Cl., 2. — Ch. Bl., 206. — Dut., 2).

Superbe épreuve, collection Didot.

565 — La même estampe.

Belle épreuve.

566 — Rembrandt au nez large (B. et Cl., 4. — Ch. Bl., 208. — Dut., 4).

Très belle épreuve. Rare.

567 — Rembrandt avec le bonnet fourré et l'habit noir (B. et Cl., 6. — Ch. Bl., 210. — Dut., 6).

Très belle épreuve.

REMBRANDT VAN RIJN

568 — Rembrandt au chapeau rond et manteau brodé (B. et Cl., 7. — Ch. Bl., 211. — Dut., 7).
Bonne épreuve. Rare.

569 — Rembrandt aux cheveux hérissés (B. et Cl., 8. — Ch. Bl., 212. — Dut., 8).
Très belle et rare épreuve du 2e état, avant beaucoup de travaux et avant que les cheveux aient été raccourcis sur l'épaule.

570 — Le même estampe.
Très belle épreuve de la planche retouchée au burin, et les cheveux raccourcis. Collection Arozarena.

571 — Rembrandt faisant la moue (B. et Cl., 10. — Ch. Bl., 211. — Dut., 10).
Très belle épreuve du second état, avec les deux traits au-dessus de la tête très apparents.

572 — Rembrandt à la bouche ouverte (B. et Cl., 13. — Ch. Bl., 219. — Dut., 13).
Très belle épreuve du 1er état, avant la réduction de la planche Collection Didot. Extrêmement rare.

573 — Rembrandt à bonnet et robe fourrés (B. et Cl., 14. — Ch. Bl., 225. — Dut., 14).
Très belle épreuve, un peu rognée. Collection Arozarena.

574 — Rembrandt au manteau avec le collet pendant (B. et Cl., 15. — Ch. Bl., 222. — Dut., 15).
Très belle épreuve. Collection Arozarena.

575 — Rembrandt au bonnet rond et fourré (B. et Cl., 16. — Ch. Bl., 223. — Dut., 16).
Superbe épreuve. Collection Didot.

576 — La même estampe.
Très belle épreuve.

577 — Rembrandt avec une écharpe autour du cou (B. et Cl., 17. — Ch. Bl., 229. — Dut., 17).
Très belle épreuve du 3e état.

578 — Rembrandt tenant un sabre (B. et Cl., 18. — Ch. Bl., 231. — Dut., 18).
Très belle épreuve.

REMBRANDT VAN RIJN

579 — Rembrandt et sa femme (B. et Cl., 19. — Ch. Bl., 203.
— Dut., 19).

Très belle épreuve avec le petit crochet au-dessus de l'œil droit de la
femme. Collection Arozarena.

580 — Rembrandt au bonnet orné d'une plume (B. et Cl., 20.
— Ch. Bl., 233. — Dut., 20).

Très belle épreuve.

581 — Rembrandt appuyé (B. et Cl., 21. — Ch. Bl., 234. —
Dut., 21).

Très belle épreuve du 2e état.

582 — Rembrandt dessinant (B. et Cl., 22. — Ch. Bl., 235. —
Dut., 22).

Très belle épreuve avec le paysage.

583 — La même estampe.

Belle épreuve.

584 — Rembrandt en ovale (B. et Cl., 23. — Ch. Bl., 232. —
Dut., 23).

Belle épreuve du second état, avec les quatre oreilles aux quatre
extrémités de l'ovale.

585 — La même estampe.

Très belle épreuve du 3e état. Collection Arozarena.

586 — Rembrandt au bonnet fourré et habit blanc (B. et Cl.,
24. — Ch. Bl., 226. — Dut., 24).

Très belle épreuve.

587 — Rembrandt aux cheveux courts et frisés et au bonnet
plat (B. et Cl., 26. — Ch. Bl., 216. — Dut., 26).

Très belle épreuve.

588 — Rembrandt aux trois crocs et au bonnet retombant (B.,
319. — Cl., 28. — Ch. Bl., 224. — Dut., 28).

Très belle épreuve du 3e état. Collection Didot.

589 — Rembrandt vu de face et riant (B., 316. — Cl., 29. —
Ch. Bl., 218. — Dut., 29).

Très belle épreuve du 2e état. Rare.

REMBRANDT VAN RIJN

590 — Tête de Rembrandt aux yeux hagards, coiffé d'un bonnet coupé par le haut (B., 320. — Cl., 33. — Ch. Bl., 217. — Dut., 33).

Très belle épreuve avec marge. Rare.

591 — Adam et Ève (B., 28. — Cl., 34. — Ch. Bl., 1. — Dut., 35).

Superbe épreuve du 1er état, avec un reflet de lumière au haut du dedans de la cuisse droite d'Ève.

592 — Abraham recevant la visite des trois anges (B., 29. — Cl., 35. — Ch. Bl., 2. — Dut., 36).

Superbe épreuve tirée sur japon. Collection Esdaile.

593 — La même estampe.

Très belle épreuve.

594 — Le Sacrifice d'Abraham (B., 35. — Cl., 36. — Ch. Bl., 6. — Dut., 40).

Très belle épreuve.

595 — Agar renvoyée par Abraham (B., 30. — Cl., 37. — Ch. Bl., 3. — Dut., 37).

Très belle épreuve. Collection Arozarena.

596 — Abraham caressant Isaac (B., 33. — Cl., 38. — Ch. Bl., 4. — Dut., 38).

Très belle épreuve.

597 — Abraham avec son fils Isaac (B., 34. — Cl., 39. — Ch. Bl., 5. — Dut., 39).

Très belle épreuve.

598 — Quatre sujets pour un livre espagnol, ou le Songe de Nabuchodonosor (B., 36. — Cl. 40. — Ch. Bl., 8 — Dut., 47).

La Statue de Nabuchodonosor.

1er état sur papier du Japon. Collection Arozarena.

L'Échelle de Jacob.

Très belle épreuve.

REMBRANDT VAN RIJN

Combat de David et de Goliath.

Très belle épreuve du 1er état, plus la même estampe du 3e état.

La Vision de Daniel.

Très belle épreuve du 1er état, sur papier du Japon. Collection Arozarena.

599 — Joseph racontant ses songes (B., 37. — Cl., 41. — Ch. Bl., 9. — Dut., 41).

Très belle épreuve du 1er état avant les contretailles sur le visage et le turban du frère de Joseph debout derrière lui, ainsi que sur le rideau du lit vers la droite. Collection Arozarena.

600 — La même estampe.

Belle épreuve.

601 — Jacob pleurant la mort de son fils Joseph (B., 38. — Cl., 42. — Ch. Bl., 10. — Dut., 42).

Belle épreuve, collection du prince de Paar, plus la copie en contrepartie. Deux pièces.

602 — Joseph et la femme de Putiphar (B., 39. — Cl., 43. — Ch. Bl., 11. — Dut., 43).

Très belle épreuve.

603 — La même estampe.

Belle épreuve.

604 — Le Triomphe de Mardochée (B., 40. — Cl., 44. — Ch. Bl., 12. — Dut., 48).

Belle épreuve.

605 — David priant Dieu (B., 41. — Cl., 45. — Ch. B., 13. — Dut., 44).

Très belle épreuve.

606 — Tobie le père aveugle (B., 42. — Cl., 46. — Ch. Bl., 15).

Très belle épreuve, avec le fond sale.

607 — L'Ange disparaissant devant la famille de Tobie (B., 43. — Cl., 47. — Ch. Bl., 16. — Dut., 46).

608 Superbe épreuve du premier état, avant les travaux sur le terrain, dans l'angle de la partie gauche et avant d'autres travaux. Très rare.

REMBRANDT VAN RIJN

608 — La même estampe.

Belle épreuve.

609 — L'Annonciation aux bergers (B., 44. — Cl. 48. — Ch. Bl., 17. — Dut., 40).

Superbe épreuve.

610 — La Nativité (B., 45. — Cl., 49. — Ch. Bl., 18. — Dut., 50).

Belle épreuve.

611 — L'Adoration des bergers (B., 46. — Cl., 50. — Ch. Bl., 19. — Dut., 51).

Superbe épreuve tirée sur papier du Japon. Rare de cette qualité.

612 — La Circoncision (B., 47. — Cl., 51. — Ch. Bl., 20. — Dut., 52).

Très belle épreuve du 1er état, avec les places blanches au milieu du haut et au coin de la gauche.

613 — La même estampe.

Épreuve du même état, mais lavée d'encre de Chine dans presque toutes les parties.

614 — La Circoncision (B., 48. — Cl., 52. — Ch. Bl., 21. — Dut., 53).

Superbe épreuve.

615 — La même estampe.

Superbe épreuve.

616 — Présentation au temple (B., 49. — Cl., 53. — Ch. Bl., 22. — Dut., 54).

Très belle épreuve du 2e état. Collection Didot.

617 — Présentation au temple (B., 50. — Cl., 54. — Ch. Bl., 23. — Dut., 55).

Superbe épreuve. Très rare. Collection Arozarena.

618 — Présentation au temple (B., 51. — Cl., 55. — Ch. Bl., 24. — Dut., 56).

Superbe épreuve. Collection J. Barnard et Arozarena.

REMBRANDT VAN RIJN

619 — Fuite en Egypte (B., 52. — Cl., 56. — Ch. Bl., 25. — Dut., 57).

Superbe épreuve du 1er état, avec le fond de la planche teinté, avec une petite marge. Rare.

620 — La même estampe.

Très belle épreuve du même état. Collection Arozarena.

621 — La même estampe.

Epreuve du 2e état, plus deux copies en contre-partie.

622 — Fuite en Egypte (B. 53. — Cl., 57. — Ch. Bl., 26. — Dut., 58.)

Superbe épreuve du second état, avant que les coups de lumière au haut, à gauche et à droite, ainsi que la partie claire qui se voyait dans le coin du bas du même côté aient été éteints par de nombreux travaux. Très rare.

623 — Fuite en Egypte (B., 54. — Cl., 58. — Ch. Bl., 27. — Dut., 29).

Belle épreuve du 4e état. Rare. Collection Didot.

624 — Fuite en Egypte (B., 55. — Cl., 59. — Ch. Bl., 28. — — Dut., 60).

Belle épreuve.

625 — Fuite en Egypte (B., 56. — Cl., 60. — Ch. Bl., 29. — Dut., 61).

Superbe épreuve. Collection Arozarena.

626 — Repos en Egypte (B., 57. — Cl., 61. — Ch. Bl., 30. — Dut., 62).

Très belle et rare épreuve, avec la tête de l'âne, mais avant les retouches aux arbres, à droite de la lanterne.

627 — La même estampe.

Belle épreuve avec ces retouches, plus une copie en contre-partie.

628 — Repos en Egypte (B., 58. — Cl., 62. — Ch. Bl., 31. Dut., 63).

Très belle épreuve.

629 — Retour d'Egypte (B., 60. — Cl., 64. — Ch. Bl., 38. — Dut., 70).

Superbe épreuve.

REMBRANDT VAN RIJN

630 — La Vierge et l'Enfant Jésus sur des nuages (B., 61. — Cl., 65. — Ch. Bl., 32. — Dut., 63).
Superbe épreuve. Collection du prince de Paar.

631 — La Sainte Famille (B., 62. — Cl., 66. — Ch. Bl., 33. — Dut., 65).
Très belle épreuve.

632 — Sainte Famille (B., 63. — Cl., 67. — Ch. Bl., 34. — Dut. 66).
Très belle épreuve.

633 — Jésus au milieu des docteurs (B., 64. — Cl., 68. — Ch. Bl., 35. — Dut., 67).
Très belle épreuve.

634 — La même estampe.
Très belle épreuve, plus une contre-épreuve.

635 — Jésus-Christ disputant avec les docteurs (B., 65. — Cl., 69. — Ch. Bl., 36. — Dut., 68).
Superbe épreuve du 1er état, avant les taches de rouille en haut et sur le côté droit de l'estampe.

636 — Jésus-Christ au milieu des docteurs (B., 66. — Cl., 70. — Ch. Bl., 37. — Dut.).
Superbe épreuve du 2e état, avant la réduction de la planche, de la plus grande rareté. Collection Didot.

637 — La même estampe.
Belle épreuve du 3e état.

638 — Jésus-Christ prêchant, ou la Petite Tombe (B., 67. — Cl., 71. — Ch. Bl., 39. — Dut., 71).
Très belle épreuve. L'homme coiffé d'un turban, debout sur le devant, à gauche, a le bras droit et une partie du manteau très poussés au noir, avec marge.

639 — Le Denier de César (B., 68. — Cl., 72. — Ch. Bl., 42. — Dut., 81).
Superbe épreuve.

640 — Jésus-Christ chassant les vendeurs hors du temple (B., 69. — Cl., 73. — Ch. Bl., 44. — Dut., 80).
Très belle épreuve du 1er état. L'homme qui est tombé à la renverse, a le haut de la figure claire et la bouche moins grande.

REMBRANDT VAN RIJN

641 — La Samaritaine (B., 70. — Cl., 74. — Ch. Bl., 45. — Dut., 72).

Superbe épreuve du 3e état, très chargée de barbes, sur papier du Japon.

642 — La même estampe.

Bonne épreuve.

643 — La Samaritaine (B., 71. — Cl., 75. — Ch. Bl., 46. — Dut., 73).

Très belle épreuve du 1er état.

644 — Résurrection de Lazare (La Petite) (B., 72. — Cl., 76. Ch. Bl., 47. — Dut., 78).

Très belle épreuve.

645 — Résurrection de Lazare (La grande) (B., 73. — Cl., 77. — Ch. Bl., 48. — Dut., 79).

Très belle épreuve.

646 — La même estampe.

Ancienne épreuve.

646 *bis* — Jésus-Christ guérissant les malades. Estampe connue sous le nom de : La Pièce de cent florins. (B., 74.— Cl., 78. — Ch. Bl., 49. — Dut., 77.)

Superbe épreuve du 2e état (premier de Bartsch), tirée sur papier du Japon, avec marge. Très rare de cette qualité. Collections Aylesford, Hawkins et Didot.

647 — La même estampe.

Très belle épreuve du 1er état, de Bartsch, tirée sur papier du Japon, avec marge.

648 — La même estampe.

Très belle épreuve du 4e état, la planche retouchée par G. Baillie, tirée sur japon, avec marge.

648 *bis* — L'Ecce homo (B., 77. — Cl., 82. — Ch. Bl., 52. — Dut., 84.)

Très belle épreuve du 2e état, avant les contre-tailles sur le visage du Juif placé au-dessus de celui qui tient le roseau ; elle est doublée et sans marge.

REMBRANDT VAN RIJN

648 *ter* — La même estampe.

Superbe épreuve du 3e état, avec les contre-tailles sur le visage du Juif.

649 — Jésus-Christ présenté au peuple (B., 76. — Cl., 80. — Ch. Bl., 51. — Dut., 83).

Très belle épreuve du 5e état, avant le nom et avant que les figures au-dessous de la plate-forme aient été effacées. Collection du prince de Paar et Donnadieu.

650 — Jésus-Christ au jardin des Oliviers (B., 78. — Cl., 79. Ch. Bl., 50. — Dut., 82).

Très belle épreuve, avec marge.

651 — La même estampe.

Belle épreuve.

651 *bis* — Les Trois croix. (B., 78. — Cl., 81. — Ch. Bl., 53. — Dut.)

Superbe épreuve, très chargée de barbes, avant l'adresse de Carelse.

652 — Jésus-Christ en croix entre les deux larrons (B., 79. — Cl., 84. — Ch. Bl., 54. — Dut., 86).

Superbe épreuve, avec marge.

653 — Jésus-Christ en croix (B., 80. — Cl., 85. — Ch. Bl., 55. — Dut., 87).

Superbe épreuve très chargée de manière noire, avec le fond sale. Rare en cet état.

654 — Descente de croix (B., 82. — Cl., 86. — Ch. Bl., 57. — Dut., 89).

Belle épreuve.

655 — Descente de croix au flambeau (B., 83. — Cl., 87. — Ch. Bl., 58. — Dut., 90).

Superbe épreuve. Collection du prince de Paar.

656 — La même estampe.

Belle épreuve.

REMBRANDT VAN RIJN

656 *bis* — La Descente de croix. (B., 84. — Cl., 83. — Ch. Bl.,
56. — Dut., 88.)

Superbe épreuve, la marge du bas coupée.

657 — Le transport de Jésus-Christ au tombeau (B., 84. —
Cl., 88. — Ch. Bl., 60. — Dut., 92).

Très belle épreuve.

658 — Jésus-Christ au tombeau (B., 86. — Cl., 90. — Ch. Bl.,
61. — Dut., 93.)

Superbe et rare épreuve du 1er état, à l'eau-forte, avant un grand
nombre de travaux; tirée sur papier de Chine. Collection Aylesford.

659 — Les Disciples d'Emmaüs (B., 87. — Cl., 91. — Ch. Bl.,
63. — Dut., 94).

Très belle épreuve

660 — Les Petits Disciples d'Emmaüs (B., 88. — Cl., 92. —
Ch. Bl., 93. — Dut., 95).

Très belle épreuve.

661 — Jésus-Christ au milieu de ses disciples (B., 89. —
Cl., 93. — Ch. Bl., 64. — Dut., 96).

Très belle épreuve, avec les bords de la planche très apparents.

662 — Le Bon Samaritain (B., 90. — Cl., 94. — Ch. Bl., 41.
— Dut., 75).

Superbe épreuve du 1er état. Le cheval a la queue blanche, et le
mur d'appui du perron est également blanc. La marge du bas est coupée.
Très rare.

63 — La même estampe.

Belle épreuve, plus la copie en contre-partie. Deux pièces.

664 — Le Retour de l'enfant prodigue (B., 91. — Cl., 95. —
Ch. Bl., 43, — Dut., 76).

Superbe épreuve.

665 — La Décollation de saint Jean-Baptiste (B., 92. — Cl., 96.
— Ch. Bl., 40. — Dut., 74).

666   Très belle épreuve.

REMBRANDT VAN RIJN

666 — La même estampe.

Très belle épreuve.

667 — Pierre et Jean à la porte du temple (B., 94. — Cl., 97. — Ch. Bl., 66. — Dut., 97).

Très belle épreuve.

668 — Saint Pierre (B., 96. — Cl., 99. — Ch. Bl., 67. — Dut., 99).

Superbe épreuve. Rare.

669 — Le Martyre de saint Étienne (B., 97. — Cl., 100. — Ch. Bl., 68. — Dut., 100).

Très belle épreuve.

670 — Baptême de l'Eunuque (B., 98. — Cl., 101. — Ch. Bl., 68. — Dut., 101).

Très belle épreuve.

671 — La Mort de la Vierge (B., 99. — Cl., 102. — Ch. Bl., 70. — Dut., 102).

Superbe épreuve avec marge. Très rare en aussi belle condition.

672 — Saint Jérôme (B., 100. — Cl., 103. — Ch. Bl., 71. — Dut., 103).

Très belle épreuve. Collection Didot.

673 — La même estampe.

Très belle épreuve. Collection Arozarena.

674 — Saint Jérôme (B., 101. — Cl., 104. — Ch. Bl., 72. — Dut., 104).

Première et très belle épreuve, tirée avant que le cintre ait été entièrement formé.

675 — Saint Jérôme (B., 102. — Cl., 105. — Ch. Bl., 73. — Dut., 105).

Belle épreuve.

REMBRANDT VAN RIJN

676 — Saint Jérôme (B., 103. — Cl., 106. — Ch. Bl., 74. — Dut., 106).

Superbe épreuve.

677 — Saint Jérôme (B., 104. — Cl., 107. — Ch. Bl., 75. — Dut., 107).

Très belle épreuve avec marge. Collection Arozarena.

678 — Saint Jérôme (B., 105. — Cl., 108. — Ch. Bl., 76. — Dut., 108).

Magnifique épreuve du 1er etat, ou la partie de la croisée placée la plus près de la droite de l'estampe, est moins ouverte. Extrêmement rare. Collection Didot.

679 — Saint François à genoux (B., 107. — Cl., 110. — Ch. Bl., 78. — Dut., 109).

Superbe épreuve très chargée de barbes. Elle porte au verso la signature de Samuel Festetits. Collection Arozarena.

680 — L'Heure de la mort (B., 108).

Très belle épreuve avant le texte au verso.

681 — La Jeunesse surprise par la mort (B., 109. — Cl., 111. Ch. Bl., 79. — Dut., 110).

Superbe épreuve. Collection Arozarena.

682 — La Fortune contraire (B., 111. — Cl., 113. — Ch. Bl., 81. — Dut., 112).

Très belle épreuve.

683 — La Médée, ou le Mariage de Jason et de Créuse (B., 112. — Cl., 114., Ch. Bl., 82. — Dut., 113).

Très belle épreuve, avec les vers et le nom de Rembrandt dans la marge du bas.

684 — L'Etoile des Rois (B., 113. — Cl., 115. — Ch. Bl., 85. — Dut., 114).

Très belle épreuve.

685 — Chasse aux lions (B., 144. — Cl., 116. — Ch. Bl., 86. — Dut., 115).

Très belle épreuve.

REMBRANDT VAN RIJN

686 — Chasse aux lions (B., 115. — Cl., 117. — Ch. Bl., 87.
— Dut., 116).

Très belle épreuve, avec le fond de la planche sale.

687 — Chasse aux lions (B., 116. — Cl., 118. — Ch. Bl., 88.
— Dut., 117).

Très belle épreuve, avec le fond sale.

688 — Une Bataille (B., 117. — Cl., 119. — Ch. Bl., 89. —
Dut., 148).

Très belle épreuve du second état, avant que le fond de la planche
ait été nettoyé.

689 — Trois Figures orientales (B., 118. — Cl., 120. —
Ch. Bl., 7. — Dut., 119).

Épreuve lavée à l'encre de Chine.

690 — La même estampe.

Belle épreuve.

691 — Les Musiciens ambulants (B., 119. — Cl., 121. —
Ch. Bl., 90. — Dut., 120).

Très belle épreuve du 1er état, avant les tailles sur la poitrine de
l'enfant.

692 — La même estampe.

Très belle épreuve du 2e état.

693 — La Petite Bohémienne espagnole (B., 120. — Cl., 122.
Ch. Bl., 83. — Dut., 121).

Superbe épreuve avec une petite marge. Extrèmement rare. Collec
tion W. Esdaile.

694 — Le Vendeur de mort-aux-rats (B., 121. — Cl., 123. —
Ch. Bl., 95. — Dut., 122).

Très belle épreuve avec une grande marge.

695 — Le Petit Orfèvre (B., 123. — Cl., 125. — Ch. Bl., 94. —
Dut., 124).

Très belle épreuve.

REMBRANDT VAN RIJN

696 — La Faiseuse de koucks (B., 124. — Cl., 126. — Ch. Bl., 93. — Dut., 123).
   Superbe épreuve.

697 — Le Jeu du kolef (B., 125. — Cl., 127. — Ch. Bl., 97. — Dut., 126).
   Très belle épreuve.

698 — Synagogue des Juifs (B., 126. — Cl., 128. — Ch. Bl., 98. — Dut., 127).
   Très belle épreuve.

699 — La Coupeuse d'ongles (B., 127. — Cl. suppl., 3).
   Superbe épreuve.

700 — Le Maitre d'école (B., 128. — Cl., 129. — Ch. Bl., 99. — Dut., 128.)
   Très belle épreuve, avec marge.

701 — Le Charlatan (B., 129. — Cl., 130. — Ch. Bl., 92. — Dut., 129).
   Superbe épreuve.

702 — Le Dessinateur (B., 130. — Cl., 131. — Ch. Bl., 100. — Dut., 130).
   Très belle épreuve, avec grande marge.

703 — Le Paysan avec sa femme et son enfant (B., 131. — Cl., 132. — Ch. Bl., 120. — Dut., 131).
   Très belle et première épreuve, où l'on distinge parfaitement à droite le commencement d'une tête de paysan couverte d'un chapeau.

704 — L'Amour couché (B., 132. — Cl. suppl., 2).
   Très belle épreuve, de la plus grande rareté. Collection Aylesford et Didot.

705 — Juif au grand bonnet (B. et Cl., 133. — Ch. Bl., 101. — Dut., 132).
   Très belle épreuve, avec marge.

706 — La même estampe.
   Belle épreuve. Collection Arozarena.

REMBRANDT VAN RIJN

707 — La Femme aux oignons (B. et Cl., 134. — Ch. Bl., 102. — Dut., 133).

Superbe épreuve du second état, extrèmement rare.

708 — Paysan les mains derrière le dos (B. et Cl., 135. — Ch. Bl., 103. — Dut., 134).

Belle épreuve.

709 — Le Joueur de cartes (B. et Cl., 136. — Ch. Bl., 104. — Dut., 135).

Très belle épreuve du 1er état. Les travaux du fond n'atteignent pas le bord supérieur de la planche.

710 — Vieillard à petite barbe et bâton (B:, 137).

Superbe épreuve d'une pièce extrèmement rare.

711 — Aveugle jouant du violon (B., 138. — Cl., 137. — Ch. Bl., 91. — Dut., 136).

Superbe épreuve avec une petite marge. Collection Arozarena.

712 — Homme à cheval (B., 139. — Cl., 138. — Ch. Bl., 106. — Dut., 137).

Très-belle épreuve.

713 — Un Polonais portant sabre et bâton (B., 141. — Cl., 140. — Ch. Bl., 108. — Dut., 130).

Très belle épreuve.

714 — Vieillard vu par le dos (B., 143. — Cl., 142. — Ch. Bl., 109. — Dut., 141).

Très belle épreuve.

715 — Figure Polonaise (B., 140. — Cl., 139. — Ch. Bl., 107. — Dut., 138).

Très belle épreuve.

716 — Paysan et paysanne marchant (B., 143. — Cl., 142. — Ch. Bl., 109. — Dut., 142).

Très belle épreuve. Collection Arozarena.

REMBRANDT VAN RIJN

717 — Philosophe en méditation (B., 147. — Cl., 144. — Ch. Bl., 111. — Dut., 143).

Très belle et rare épreuve, avec la bordure très apparente. Collection du prince de Paar, Arozarena et Didot.

718 — Homme méditant (B., 148. — Cl., 145. — Ch. Bl., 112. — Dut., 144).

Superbe épreuve du 3e état. Rare.

719 — Vieillard sans barbe (B., 150. — Cl., 147. — Ch. Bl., 114. Dut., 146).

Très rare épreuve avant les travaux sur le manteau.

720 — La même estampe.

Très belle épreuve avec les travaux sur le manteau.

720 bis — La même estampe.

Très belle épreuve du même état. Collection Didot.

721 — Vieillard à courte barbe (B., 151. — Cl., 148. — Ch. Bl., 115. — Dut., 147).

Belle épreuve.

722 — Le Persan (B., 152. — Cl., 149. — Ch. Bl., 105. — Dut., 148).

Belle épreuve.

723 — Le Cochon (B., 157. — Cl., 154. — Ch. Bl., 350. — Dut., 153).

Très belle épreuve. Collections Bohm et Arozarena.

724 — Le Petit Chien endormi (B., 158. — Cl., 155. — Ch. Bl., 352. — Dut., 154).

Très belle épreuve. Collections Esdaile et Arozarena.

725 — La Coquille (B., 159. — Cl., 156. — Ch. Bl., 353. — Dut., 155).

Très belle épreuve, avec une petite marge. Extrêmement rare.

7 26 — Gueux debout (B., 162. — Cl., 159. — Ch. Bl., 125. — Dut., 158).

Très belle épreuve.

REMBRANDT VAN RIJN

727 Gueux debout (B., 163. — Cl., 160. — Ch. Bl., 126. — Dut., 159).

Très belle épreuve.

728 — Gueux et Gueuse (B., 164. — Cl., 161. — Ch. Bl., 128.— Dut., 160).

Très belle épreuve. Collection Arozarena.

729 — Deux Mendiants, homme et femme, à côté d'une butte (B., 165. — Cl., 162. — Ch. Bl., 129. — Dut., 161).

Superbe épreuve de la grande planche, avant les travaux sur le rocher et les deux figures. Collection Arozarena.

730 — Gueux, dans le goût de Callot (B., 166. — Cl., 163. — Ch. Bl., 130. — Dut., 162).

Superbe épreuve du 1er état, la planche plus grande et avant de nombreux travaux sur tous les vêtements. Collection Arozarena.

731 — Gueux à manteau d'échiqueté (B., 167. — Cl., 164. — Ch. Bl., 131. — Dut., 163).

Très rare épreuve du 1er état, avec le visage et la jambe droite blancs. Collection Arozarena.

732 — La Femme à à la calebasse (B., 168. — Cl., 165. — Ch. Bl., 132. — Dut., 164).

Belle épreuve.

733 — Vieille mendiante (B., 170. — Cl., 167. — Ch. Bl., 134. — Dut., 166).

Belle épreuve.

734 — Lazarus Klap, ou le muet (B., 171. — Cl., 168. — Ch. Bl., 138. — Dut., 167).

Superbe épreuve du 1er état. La planche est plus grande, la tête ainsi que le bord du manteau, sont clairs. Extrêmement rare. Collections Esdaile et Didot.

735 — La même estampe.

Très belle épreuve. La planche n'est pas encore diminuée, mais la figure est ombrée.

REMBRANDT VAN RIJN

736 — Paysan déguenillé, les mains derrière le dos (B., 172. — Cl., 169. — Ch. Bl., 137. — Dut., 168).

Superbe et très rare épreuve du 1er état. La planche est plus large, les bords sont raboteux et sales, ainsi que le fond, et avant divers travaux, avec une petite marge.

737 — La même estampe.

Très belle épreuve du 2e état.

738 — Gueux assis au bas d'un mur (B., 173. — Cl., 170. — Ch. Bl., 135. — Dut., 169).

Belle épreuve.

739 — Gueux assis sur une motte de terre (B., 174. — Cl., 171. — Ch. Bl., 136. — Dut., 170).

Très belle épreuve du 1er état, avant que les tailles dans le fond aient disparu et avant le nom de Rembrandt, écrit en toutes lettres. Rare.

739 bis — La même estampe.

Très belle épreuve du même état. Collection Debois.

739 ter — La même estampe.

Très belle épreuve du même état, mais les tailles du fond presque disparues.

739 ter — La même estampe.

Belle épreuve du même état, mais les tailles du fond entièrement disparues.

740 — Vieux mendiant assis, accompagné de son chien (B., 175. — Cl., 172. — Ch. Bl., 139. — Dut., 171).

Superbe et très rare épreuve avec le fond sale. Dans cette épreuve, outre le monogramme et la date que l'on voit au bas de la droite, se trouve dans le haut à gauche, parfaitement lisibles, le monogramme de Rembrandt et la date 1631. Collection Arozarena.

741 — Mendiants à la porte d'une maison (B., 176. — Cl., 173. — Ch. Bl., 146. — Dut., 172).

Superbe épreuve.

742 — Deux Gueux en pendants (B., 177 et 178. — Cl., 174 et 175. — Ch. Bl., 140 et 141. — Dut., 173 et 174).

Belles épreuves.

RÉMBRANDT VAN RIJN

743 — Gueux estropié (B., 179. — Cl., 176. — Ch. Bl., 142.
— Dut., 175).

Belle épreuve.

744 — Le Lit à la française (B., 186. — Cl., 183. — Ch. Bl.,
151. — Dut., 183).

Superbe épreuve du second état, avec le nom de Rembrandt et
l'année 1646, et avant que la planche ait été diminuée sur la gauche;
elle a beaucoup de barbes. Extrêmement rare. Collection Arozarena.

745 — Le Moine dans le blé (B., 187. — Cl., 184. — Ch. Bl.,
152. — Dut., 184).

Superbe épreuve. Extrêmement rare.

746 — L'Espiègle (B., 188. — Cl., 185. — Ch. Bl., 153. —
Dut., 185).

Superbe épreuve du 2e état, avec la tête au travers des arbres et
avant beaucoup de travaux. Extrêmement rare. Collection Didot.

747 — Le Vieillard endormi (B., 189. — Cl., 186. — Ch. Bl.,
154. — Dut., 186).

Superbe épreuve, plus la contre-épreuve. Rare.

748 — L'Homme qui pisse (B., 190. — Cl., 187. — Ch. Bl.,
155. — Dut., 187).

Très belle épreuve, rare.

749 — La Femme qui pisse (B., 191. — Cl., 188. — Ch. Bl.,
156).

Très belle épreuve, avec une petite marge. Rare.

750 — Le Dessinateur, d'après le modèle (B., 192. — Cl.,
189. — Ch. Bl., 157. — Dut., 189).

Superbe épreuve.

751 — Homme nu assis (B., 193. — Cl., 190. — Ch. Bl., 158.
— Dut., 190).

Superbe épreuve, chargée de barbes.

752 — Figures académiques d'hommes (B., 194. — Cl., 191.
— Ch. Bl., 159. — Dut., 191).

Belle épreuve.

REMBRANDT VAN RIJN

26. 753 — Les Baigneurs (B., 195. — Cl., 192. — Ch. Bl., 117.—
Dut., 192).

> Très belle épreuve avant la tache ronde en haut, vers le milieu de la
> planche.

754 — Académie d'un homme nu assis à terre (B., 196. —
Cl., 193. — Ch. Bl., 160. — Dut., 193).

> Superbe épreuve, avec marge.

755 — La femme devant le poêle (B., 197. — Cl., 194. —
Ch. Bl., 161. — Dut., 194).

> Superbe et très rare épreuve du 3e état. La clé n'est pas encore au
> poêle, la femme a la tête couverte d'un bonnet, sur papier du Japon.

756 — La même estampe.

> Superbe épreuve du 6e état, la femme ne porte plus de bonnet. La
> clé est au poêle, sur papier du Japon. Collection J. Barnard.

757 — Femme nue assise sur une butte (B., 198. — Cl., 195.
— Ch. Bl., 162. — Dut., 195).

> Superbe épreuve.

758 — Femme au bain (B., 199. — Cl., 196. — Ch. Bl., 163.
— Dut., 196).

> Superbe épreuve sur papier du Japon. Collection Arozarena.

759 — Femme nue, les pieds dans l'eau (B., 200. — Cl., 197.
— Ch. Bl., 164. — Dut., 197).

> Superbe épreuve.

760 — Vénus au bain (B., 201. — Cl., 198. — Ch. Bl., 165. —
Dut., 198).

> Belle épreuve.

761 — La même estampe.

> Belle épreuve.

762 — La femme à la flèche (B., 202. — Cl., 199. — Ch. Bl.,
166. — Dut., 199).

> Superbe épreuve, avec beaucoup de barbes. Collections Bohm et
> Arozarena.

REMBRANDT VAN RIJN

763 — Anthiope et Jupiter en Satyre (B., 203. — Cl., 200. — Ch. Bl., 167. — Dut., 200).

Superbe épreuve du 1er état, avec les bords de la planche très apparents, chargés de manière noire, tirée sur papier du Japon.

764 — Femme nue dormant (B., 204. — Cl., 201. — Ch. Bl., 168. — Dut., 201).

Très belle épreuve.

765 — Négresse couchée (B., 205. — Cl., 202. — Ch. Bl., 169. — Dut., 202).

Très belle épreuve du 2e état.

766 — Le Grand Arbre à côté de la maison (B., 207. — Cl., 204. — Ch. Bl., 310. — Dut., 204).

Très belle épreuve. Rare. Collection Didot.

767 — Le Pont de Six (B., 208. — Cl., 205. — Ch. Bl., 311. — Dut., 205).

Très belle épreuve du 2e état, sur japon.

768 — Vue d'Omval, près d'Amsterdam (B., 209. — Cl., 206. — Ch. Bl., 312. — Dut., 206).

Très belle épreuve, avant que le fond de la planche et les bords aient été nettoyés. Une petite déchirure à droite. Collection Bohm.

769 — Ancienne vue d'Amsterdam (B., 210. — Cl., 207. — Ch. Bl., 313. — Dut., 207).

Très belle épreuve.

770 — La même estampe.

Belle épreuve. Toute la partie blanche en haut est rognée.

771 — Le Chasseur (B., 211. — Cl., 208. — Ch. Bl., 314. — Dut., 208).

Superbe épreuve, avec beaucoup de barbes.

772 — Paysage aux trois arbres (B., 212. — Cl., 209. — Ch. Bl., 315. — Dut., 209).

Superbe épreuve.

REMBRANDT VAN RIJN

773 — L'Homme au lait (B., 213. — Cl., 210. — Ch. Bl., 316.
— Dut., 216).

> Très belle épreuve, avec beaucoup de barbes, tirée sur papier du Japon.
> Collections J. Barnard et Esdaile.

774 — La même estampe.

> Belle épreuve.

775 — Le Paysage au carrosse (B., 215. — Cl., 212. — Dut.,
212).

> Belle épreuve de la copie.

776 — Le Paysage aux trois chaumières (B., 217. — Cl., 214.
— Ch. Bl., 318. — Dut., 214).

> Magnifique épreuve du 3º état, très chargée de manière noire, avec
> une petite marge. Très rare de cette qualité.

777 — La même estampe.

> Très belle épreuve de la copie trompeuse.

778 — Le Paysage à la tour carrée (B., 218. — Cl., 215. —
Ch. Bl., 319. — Dut., 215).

> Superbe épreuve. Collections Bohm et Arozanera.

779 — Le Paysage au dessinateur (B., 219. — Cl., 216. —
Ch. Bl., 320. — Dut., 216).

> Superbe épreuve, avec marge.

780 — Le Berger et sa famille (B., 220. — Cl., 217. — Ch.
Bl., 321. — Dut., 217).

> Très belle épreuve.

781 — Le Canal (B., 221. — Cl., 218. — Ch. Bl., 322. —
Dut., 218).

> Belle épreuve.

782 — Le Bouquet de bois (B., 222. — Cl., 219. — Ch. Bl.,
323. — Dut., 219).

> Très belle épreuve, avec marge.

783 — Le Paysage à la tour (B., 223. — Cl., 220. — Ch. Bl.,
324. — Dut., 220).

> Superbe épreuve.

REMBRANDT VAN RIJN

784 — La même estampe.
Belle épreuve, plus une contre-épreuve. Deux pièces.

785 — La Grange à foin (B., 224. — Cl., 221. — Ch Bl., 325. — Dut., 221).
Très belle épreuve.

786 — La Chaumière et la Grange à foin (B., 225. — Cl., 222. — Ch. Bl., 327. — Dut., 222).
Superbe épreuve.

787 — La Chaumière au grand arbre (B., 226. — Cl., 223. — Ch. Bl., 326. — Dut., 223).
Superbe épreuve, avec une petite marge.

788 — L'Obélisque (B., 227. — Cl., 224. — Ch. Bl., 328. — Dut., 224).
Très belle épreuve, avec une petite marge.

789 — La Barque à la voile (B., 228. — Cl., 225. — Ch. Bl., 329. — Dut., 225).
Très belle épreuve, avec le fond sale.

790 — Paysage aux deux allées (B., 230. — Cl., 227. — Ch. Bl., 330. — Dut., 227).
Superbe épreuve, un peu rognée à gauche.

791 — L'Abreuvoir (B., 231. — Cl., 228. — Ch. Bl., 330. — Dut., 228).
Très belle épreuve, avec marge. Collection Arozarena.

792 — La Chaumière entourée de planches (B., 232. — Cl., 229. — Ch. Bl., 332. — Dut., 229).
Très belle épreuve.

793 — Le Moulin de Rembrandt (B., 233. — Cl., 230. — Ch. Bl., 333. — Dut., 230).
Superbe épreuve, avec les taches de vernis très apparentes dans le fond.

794 — La Campagne du peseur d'or (B., 234. — Cl., 231. — Ch. Bl., 334. — Dut., 231).
Belle épreuve. Rare.

REMBRANDT VAN RIJN

795 — Le Canal aux cygnes (B., 235. — Cl., 232. — Ch. Bl., 335. — Dut., 232).
Magnifique épreuve, avec une petite marge. Collection Didot.

796 — Le Paysage au bateau (B., 236. — Cl., 233. — Ch. Bl., 336. — Dut., 233).
Très belle épreuve.

797 — Paysage à la vache qui s'abreuve (B., 237. — Ch. Bl., 337. — Dut., 234).
Belle épreuve.

798 — Le Paysage à la barrière blanche (B., 242. — Cl., 239. — Dut., 239).
Superbe épreuve du 1er état, où l'on ne voit point la porte de la ferme, tirée sur papier de Chine. De la plus grande rareté. Collections Denon, Verstolk de Solen et Didot.

799 — Le Paysage aux palissades (Cl., 244). Copie en contre-partie. — Paysage gravé par R. Byron, d'après Rembrandt (B., 63). Deux pièces.
Belles épreuves.

800 — Paysage (Cl., 64 des pièces douteuses).
Très belle épreuve. Collection Arozarena.

801 — Homme sous une treille (B., 257. — Cl., 254. — Ch. Bl., 262. — Dut., 273).
Très belle épreuve.

802 — Jeune homme assis (B., 258. — Cl., 255. — Ch. Bl., 253. — Dut., 273).
Très belle épreuve. Extrêmement rare.

803 — Vieillard portant la main à son bonnet (B., 259. — Cl., 256. — Ch. Bl., 268. — Dut., 275).
Superbe et première épreuve, avec des barbes et le fond sale.

804 — La même estampe.
Très belle épreuve. Collection Arozarena.

REMBRANDT VAN RIJN

805 — Vieillard à grande barbe (B., 260. — Cl., 257. — Ch. Bl., 281. — Dut., 276).

Superbe épreuve du 1er état, où la planche est plus large; on y lit la date de 1631. Extrêmement rare.

806 — La même estampe.

Très belle épreuve du même état. Collection Arozarena.

807 — Homme avec chaîne et croix (B., 261. — Cl., 258. — Ch. Bl., 257. — Dut., 277).

Superbe épreuve du second état, avant le prolongement des travaux du fond. La marge du bas est coupée au-dessous du nom de Rembrandt.

808 — La même estampe.

Très belle épreuve, avec le prolongement des travaux.

809 — Vieillard à grande barbe et bonnet fourré (B., 262. — Cl., 259. — Ch. Bl., 270. — Dut., 278).

Très belle épreuve. Collection Arozarena.

810 — Homme à barbe courte et bonnet fourré (B., 263. — Cl., 260. — Ch. Bl., 267. — Dut., 279).

Très belle épreuve du 3e état.

811 — *Linden* (Jean-Antonides Van der) (B., 264. — Cl., 261. — Ch. Bl., 181. — Dut., 264).

Superbe épreuve.

812 — Vieillard à barbe carrée (B., 265. — Cl., 262. — Ch. Bl., 271. — Dut., 380).

Superbe épreuve du 1er état, avant que la bouche du personnage ait été mieux exprimée.

813 — *Silvius* (Janus), ministre d'Amsterdam (B., 266. — Cl., 263. — Ch. Bl., 186. — Dut., 268).

Superbe épreuve. Collection du prince de Paar.

814 — Jeune homme assis et réfléchissant (B., 268. — Cl., 265. — Ch. Bl., 258. — Dut., 282).

Très belle épreuve.

REMBRANDT VAN RIJN

815 — *Menasseh-Ben-Israel* (B., 269. — Cl., 266. — Ch.
Bl., 183. — Dut., 266).

Très belle épreuve du 2e état.

816 — *Faustus* (le docteur) (B., 270. — Cl., 267. — Ch.
Bl., 84. — Dut., 259).

Superbe et première épreuve avant les travaux sur le livre, à mi-
hauteur de la droite de l'estampe.

817 — *Ansloo* (Renier), ministre anabaptiste (B., 271. —
Cl., 268. — Ch. Bl., 170. — Dut., 254).

Très belle épreuve du 3e état, sur papier du Japon. Collections du
prince de Paar et Arozarena.

818 — *Ionghe* (Clément de) (B., 272. — Cl., 269. — Ch.
Bl., 180. — Dut., 263).

Superbe et très rare épreuve du 1er état, avant le cintre et beaucoup
d'autres travaux. Elle a une petite marge.

819 — La même estampe.

Très belle épreuve du 5e état.

820 — *Frans* (Abraham) (B., 273. — Cl., 270. — Ch. Bl., 176.
— Dut., 260).

Très belle épreuve.

821 — *Haaring* (le Vieux) (B., 274. — Cl., 271. — Ch.
Bl., 178. — Dut., 261).

Très belle épreuve du 3e état.

822 — *Haaring* (le Jeune) (B., 275. — Cl., 272. — Ch.
Bl., 179. — Dut., 262).

Très belle épreuve du 3e état, avant que la planche ait été diminuée
avec marge.

823 — La même estampe.

Belle épreuve de la planche coupée.

824 — *Lutma* (Jean), orfèvre (B., 276. — Cl., 263. — Ch.
Bl., 182. — Dut., 265).

Admirable épreuve du 1er état, avant la croisée et avant les noms de
Lutma et de Rembrandt, tirée sur papier du Japon. Extrêmement rare
de cette qualité. Collections Franck, Camberlyn et Didot.

REMBRANDT VAN RIJN

825 — La même estampe.

Belle épreuve sur papier de Chine.

826 — *Asselyn* (Jean), peintre (B., 277. — Cl., 274. — Ch. Bl., 171. — Dut., 255).

Superbe et très rare épreuve du 1er état, avec le chevalet dans le fond. La marge du bas est coupée un peu au-dessous de la barre qui est au-dessous de la gravure. Elle est aussi rognée dans le haut.

827 — Le même portrait.

Superbe épreuve du 3e état, avec une petite marge.

828 — *Bonus* (Ephraïm), médecin, dit le Juif à la rampe (B., 278. — Cl., 275. — Ch. Bl., 172. — Dut., 256).

Superbe épreuve du second état.

829 — *Wtenbogardus*, ministre hollandais (B., 279. — Cl., 276. — Ch. Bl., 190. — Dut., 272).

Belle épreuve, avec marge.

830 — *Silvius* (Jean), homme d'état (B., 280. — Cl., 277. — Ch. Bl., 187. — Dut., 269).

Très belle épreuve.

831 — *Utenbogaerd*, receveur des États de Hollande (B., 281. — Cl., 278. — Ch. Bl., 189. — Dut., 271).

Très belle épreuve, tirée sur papier du Japon, avec marge.

832 — *Coppenol*, maître écrivain. Estampe dite le Petit Coppenol (B., 282. — Cl., 279. — Ch. Bl., 174. — Dut., 257).

Superbe épreuve du 5e état.

833 — La même estampe.

Très belle épreuve du même état, la marge du bas coupée.

834 — *Coppenol*. Estampe dite le Grand Coppenol (B., 283. — Cl., 280. — Ch. Bl., 175. — Dut., 258).

Très belle épreuve, avant que la planche ait été coupée, sur japon, avec marge.

835 — Le même portrait.

Belle épreuve de la planche coupée.

REMBRANDT VAN RIJN

836 — *Tolling*, avocat (B., 284. — Cl., 281. — Ch. Bl., 188. — Dut., 270).
  Epreuve faible d'une estampe de la plus grande rareté. Collection Didot.

837 — *Six*, le bourgmestre (B., 285. — Cl., 282. — Ch. Bl., 184. — Dut., 267).
  Belle épreuve.

838 — Première tête orientale (B., 286. — Cl., 283. — Ch. Bl., 173. — Dut., 283).
  Très belle épreuve.

839 — Seconde tête orientale (B., 287. — Cl., 284. — Ch. Bl., 288. — Dut., 284).
  Superbe épreuve, avec marge.

840 — Troisième tête orientale (B., 288. — Cl., 285. — Ch. Bl., 289. — Dut., 285).
  Belle épreuve de la copie.

841 — Homme en cheveux (B., 289. — Cl., 286. — Ch. Bl., 255. — Dut., 286).
  Superbe épreuve. Collection Dreux.

842 — Vieillard à grande barbe (B., 200. — Cl., 287. — Ch. Bl., 286. — Dut., 287).
  Très belle épreuve.

843 — Vieillard à grande barbe (B., 291. — Cl., 288. — Ch. Bl., 285. — Dut., 288).
  Très belle épreuve.

844 Tête d'homme chauve (B., 292. — Cl., 289. — Ch. Bl., 272. — Dut., 289).
  Très belle épreuve du 3e état.

845 — Tête d'homme chauve (B., 294. — Cl., 291. — Ch. Bl., 274. — Dut., 291).
  Très belle épreuve.

846 — Vieillard à tête chauve (B., 296. — Cl., 292. — Ch. Bl., 300. — Dut., 292).
  Très belle épreuve.

REMBRANDT VAN RIJN

847 — Vieillard à tête chauve (B., 298. — Cl., 294. — Ch.
Bl., 275. — Dut., 294).

Très belle et rare épreuve du 1er état, avant les quelques tailles ombrant l'épaule gauche et avant le travail croisé couvrant les tailles de gauche à droite, qui sont au-dessous.

848 Vieillard sans barbe (B., 299. — Cl., 295. — Ch. Bl., 302.
— Dut., 295).

Très belle épreuve.

849 — Vieillard à barbe courte (B., 300. — Cl., 296. — Ch.
Bl., 291. — Dut., 296).

Deux épreuves.

850 — Esclave à grand bonnet (B., 302. — Cl., 298. — Ch.
Bl., 296. — Dut., 298).

Superbe épreuve du second état. Rare.

851 — La même estampe.

Très belle épreuve du même état. Collection Bohm.

852 — Tête d'homme de face (B., 304. — Cl., 300. — Ch. Bl.,
265. — Dut., 300).

Belle épreuve.

853 — Homme à bouche de travers (B., 305. — Cl., 301. —
Ch. Bl., 259. — Dut., 301).

Très belle épreuve.

854 — Vieillard chauve à barbe courte (B., 306. — Cl., 302.
— Ch. Bl., 294. — Dut., 302).

Superbe épreuve du 1er état, avec les bords de la planche irréguliers et avant que le fond ait été nettoyé. Très rare. Collection Didot.

855 — Homme avec bonnet (B., 307. — Cl., 303. — Ch. Bl.,
264. — Dut., 303).

Très belle épreuve.

856 — Homme faisant la moue (B., 308. — Cl., 304. — Ch.
Bl., 263. — Dut., 304).

Très belle épreuve avant divers travaux.

REMBRANDT VAN RIJN

857 — Vieillard à grande barbe blanche (B., 309. — Cl., 305. — Ch. Bl., 283. — Dut., 305).

Très belle épreuve. Collection Didot.

858 — Jeune homme à mi-corps (B., 310. — Cl., 306. — Ch. Bl., 177. — Dut., 306).

Très belle épreuve, avant que le fond de la planche ait été nettoyé

859 — Homme avec chapeau à grands bords (B., 311. — Cl., 307. — Ch. Bl., 260. — Dut., 307).

Superbe épreuve avec les bords raboteux.

860 — La même estampe.

Belle épreuve.

861 — Vieillard à grande barbe (B., 312. — Cl., 308. — Ch. Bl., 278. — Dut., 308).

Belle épreuve.

862 — Vieillard à barbe carrée (B., 313. — Cl., 309. — Ch. Bl., 269. — Dut., 309).

Très belle épreuve.

863 — Vieillard à barbe pointue (B., 315. — Cl., 311. — Ch. Bl., 284. — Dut., 311).

Très belle épreuve avec une petite marge. Collection Didot.

864 — La même estampe.

Belle épreuve, rognée.

865 — Philosophe avec un sablier (B., 318. — Cl., 313. — Ch. Bl., 113. — Dut., 313).

Très belle épreuve, avant le nom et la date. Extrêmement rare. Collection Didot.

866 — Homme à moustaches et grand bonnet (B., 321. — Cl., 314. — Ch. Bl., 266. — Dut., 314).

Bonne épreuve.

REMBRANDT VAN RIJN

867 — Tête à bonnet (B., 322. — Cl., 315. — Ch. Bl., 297.
— Dut., 315).

Superbe épreuve, provenant dè la vente Didot, où elle était annoncée comme 1er état, non décrit, avant le monogramme et la date, mais la planche ne mesurant que 52 millimètres sur 48, ne peut être que du 3e état, et cependant aucun catalogue de l'œuvre de Rembrandt ne donne cette mesure, ils disent 61 millimètres sur 56, et les reproductions données dans les catalogues illustrés portent la mesure de notre épreuve.

868 — Vieillard à tête chauve (B., 324. — Cl., 317. — Ch. Bl., 276. — Dut., 317).

Superbe épreuve du 2e état, les bords de la planche sont raboteux avec une petite marge.

869 — Vieillard à large barbe carrée (B., 325. — Cl., 318. — Ch. Bl., 282. — Dut., 318).

Très belle épreuve.

870 — Buste d'homme (B., t. 11., p. 120, n° 48).

Superbe épreuve. Collection Esdaile.

871 — Tête grotesque (B., 326. — Cl., 319. — Ch. Bl., 301.— Dut., 319).

Très belle épreuve à l'eau-forte pure. Rare.

872 — La même estampe.

Belle épreuve, avec beaucoup de travaux ajoutés.

873 — Petite tête grotesque (B., 327. — Cl., 320. — Ch. Bl., 299. — Dut., 320).

Très belle épreuve.

874 — La même estampe.

Belle épreuve. Collections Esdaile et Didot.

875 — Buste de vieillard (B., 333. — Cl., 325. — Ch. Bl., 292. — Dut., 324).

Très belle épreuve. Rare.

876 — La Grande Mariée juive (B., 340. — Cl., 330. — Ch. Bl., 199. — Dut., 329).

Très belle épreuve du 3e état, où la tache noire qui se trouve sur la partie claire de la joue gauche, est très apparente. Collection du prince de Paar.

REMBRANDT VAN RIJN

877 — Etude pour la Grande Mariée juive (B., 311. — Cl., 331. — Ch. Bl., 239. — Dut., 330).

Très belle épreuve.

878 — La Petite Mariée juive (B., 342. — Cl., 332. — Ch. Bl., 200. — Dut., 331).

Très belle épreuve.

879 — Vieille femme assise (B., 343. — Cl., 333. — Ch. Bl., 196. — Dut., 332).

Très belle épreuve, avec une petite marge. Collections Mariette et Arozarena.

880 — Vieille femme assise (B., 344. — Cl., 334. — Ch. Bl., 197. — Dut., 333).

Très belle épreuve.

881 — La Liseuse (B., 345. — Cl., 335. — Ch. Bl., 242. — Dut., 334).

Très belle épreuve.

882 — Femme coiffée en cheveux (B., 347. — Cl., 337. — Ch. Bl., 201. — Dut., 335).

Très belle épreuve. Collections Aylesford et Arozarena.

883 — Vieille femme coiffée à l'orientale (B., 348. — Cl., 338. — Ch. Bl., 198. — Dut., 336).

Très belle épreuve.

884 — La même estampe.

Belle épreuve. Collection Arozarena.

885 — Buste de la mère de Rembrandt (B., 349. — Cl., 339. — Ch. Bl., 195. — Dut., 337).

Belle épreuve.

886 — Vieille qui dort (B., 350. — Cl., 340. — Ch. Bl., 244. — Dut., 338).

Superbe épreuve. Rare.

887 — Vieille regardant en bas (B., 351. — Cl., 341. — Ch. Bl., 191. — Dut., 339).

Très belle épreuve.

REMBRANDT VAN RIJN

888 — Vieille à bouche pincée (B., 352. — Cl., 342. — Ch.
Bl., 192. — Dut., 340).
Superbe épreuve. Collection Arozarena.

889 — Buste de vieille d'un beau caractère (B., 354. — Cl.,
343. — Ch. Bl., 193. — Dut., 341).
Superbe épreuve.

890 — Vieille avec voile noire (B., 355. — Cl., 345. — Ch.
Bl., 245. — Dut., 343).
Très belle épreuve du second état, avant que le voile ait été entièrement ombré, et avant la troisième taille sur l'ombre de l'épaule.

891 — La même estampe.
Très belle épreuve du 3e état.

892 — Jeune fille au panier (B., 356. — Cl., 346. — Ch. Bl.,
240. — Dut., 344).
Très belle épreuve, à droite une petite déchirure.

893 — La Mauresse blanche (B., 357. — Cl., 347. — Ch. Bl.,
241. — Dut., 345).
Très belle épreuve.

894 — Buste de femme âgée (B., 358. — Cl., 348. — Ch. Bl.,
243. — Dut., 346).
Belle épreuve.

895 — Femme à grande cornette (B., 359. — Cl., 349. — Ch.
Bl., 202. — Dut., 347).
Belle épreuve, très rare. Collection Didot.

896 — Femme portant lunettes et lisant (B., 362. — Cl., 352.
— Ch. Bl., 248. — Dut., 350).
Superbe épreuve, de la plus grande rareté. Collection Didot.

897 — Griffonnements où se voit la tête de Rembrandt très
finie (B., 363. — Cl., 353. — Ch. Bl., 237. — Dut., 351).
Belle épreuve.

898 — Feuille avec six têtes, au milieu desquelles est le portrait
de la femme de Rembrandt (B., 365. — Cl., 355. —
Ch. Bl., 249. — Dut., 353).
Très belle épreuve.

REMBRANDT VAN RIJN

899 — Trois têtes de femmes (B., 367. — Cl., 357. — Ch. Bl., 250. — Dut., 355).

Belle épreuve découpée autour et remargée.

900 — Trois têtes de femmes, dont une qui dort (B., 368. — Cl., 358. — Ch. Bl., 251. — Dut., 251).

Très belle épreuve.

901 — Griffonnements gravés sur différents sens de la planche (B., 369. — Cl., 359. — Ch. Bl., 122. — Dut., 357).

Très belle épreuve. Collections du prince de Paar et Arozarena.

902 — Griffonnements peu terminés, où se voit la tête de Rembrandt (B., 370. — Cl., 360. — Ch. Bl., 238. — Dut., 358).

Superbe épreuve. Rare.

903 — Griffonnement avec un arbre (B., 372. — Cl., 362. — Ch. Bl., 349. — Dut., 360).

Superbe épreuve, avec une petite marge. Très rare.

REMBRANDT (d'après)

904 — Estampes d'après ses tableaux et eaux-fortes, par divers graveurs. soixante-quinze pièces.

905 — Portraits de Rembrandt gravés par Schmidt, Louid, et en manière noire. Six pièces.

Très belles épreuves, dont deux avant la lettre, pourront être vendus séparément.

RENESSE

906 — Paysage d'une vaste étendue.

Superbe épreuve à l'eau-forte pure. Extrêmement rare.

RENI (Guido)

907 — La Vierge avec l'Enfant Jésus (B., 4).

Superbe épreuve.

RIBERA (J.)

908 — Saint Jérôme lisant (B., 3).

Très belle épreuve.

RIBERA (J.)

909 — Saint Jérôme saisi de frayeur, croyant entendre une trompette qui l'appelle au jugement universel (B., 4).

Superbe épreuve du 1er état, avant les initiales de François Van den Wyngaerde.

910 — Saint Pierre (B., 7).

Très belle épreuve du 1er état, avant les lettres F. V. Wyn, et avant les angles du cuivre arrondis.

911 — Le Poète (B., 10).

Superbe épreuve.

RICHOMME (J.-Th.)

912 — Triomphe de Galathée, d'après Raphaël.

Très belle et ancienne épreuve.

RIDÉ

913 — *Mayeur* (François-Marie), dans le rôle de Claude Bagnolet. In-4° en couleur.

Très belle épreuve. Rare.

ROBETTA

914 — L'Adoration des Rois (B., 6).

Belle épreuve.

915 — La Vieille et les Deux Couples d'amoureux (B., 24).

Très belle épreuve d'une pièce rare, mais manquant de conservation.

916 — L'Homme attaché à un arbre par l'Amour (B., 25).

Deux épreuves.

RODE (B.)

917 — Silène. — Scènes de la vie de Tobie. Quatre pièces gravées à l'eau-forte.

Belles épreuves.

RODERMONT

918 — Le Suppléant (Cl., 83 des pièces diverses). Deux épreuves, — Jacob et Esaü (84). Trois pièces.

Très belles épreuves.

ROOS (J.-H.)

919 — Différents animaux. Suite de treize pièces dont nous n'avons que dix, (B. 18-30).

Belles épreuves, avec l'adresse de H. Sweerds, plus la même suite, complète moins le titre, en épreuves postérieures. Vingt-deux pièces.

ROOS (d'après J.-H.)

920 — Différents moutons et chèvres, suite de huit pièces gravées par Herzinger, — Différents animaux, suite de six pièces gravées par Elias Ridenger, — Moutons et chèvres, suite de douze pièces gravées à l'eau-forte par Joseph Roos. Vingt-six pièces.

Très belles épreuves.

ROTA (Martin)

921 — Jésus-Christ apparaissant à saint Pierre près de la ville de Rome, et lui prédisant qu'il y sera crucifié, d'après Raphaël (B., 6).

Belle épreuve.

RUBENS (d'après P.-P.)

922 — Suite de douze bustes ou têtes de philosophes et d'empereurs, dessinés d'après l'antique et gravés par Bolswert, Pontius, Witdœck et Vorsterman.

Superbes épreuves.

RUISDAEL (J.)

923 — Le Petit Pont (B., 1), — Les Deux Paysans et leurs chien (B., 2). — La Chaumière au sommet de la colline (B., 3). Trois pièces.

SADELER

924 — Œuvre des Sadeler. Sujets mithologiques et historiques, portraits, etc. deux-cent-trente-huit pièces en 1 vol. in-fol., veau.

SADELER et GALLE

925 — Sujets de l'histoire de Jean de Médicis et autres. Onze pièces.

Belles épreuves.

SAENREDAM (J.)

926 — Jupiter, Neptune et Pluton, avec leurs épouses. Suite de trois estampes, d'après Goltzius (B., 53-55).
Très belles épreuves.

927 — Cérès honorée par les laboureurs (B., 70).
Très belle épreuve.

SALY (d'après J.)

928 — Recueil de caricatures dessinées par J. Saly et gravées par A. L. de Lalive. Seize pièces.
Très belles épreuves, en grande partie à toutes marges.

SAINT-AUBIN (d'après AUG. DE)

929 — Mes Gens, ou les Commissionnaires ultramontains. Suite de six pièces et un titre, gravés par J.-B. Tillard.
Superbes et anciennes épreuves, avec toutes marges.

DU SART (CORNEILLE)

930 — Les Crieurs (B., 1). Première et deuxième épreuves. — Les Deux Chanteurs (B., 3). 1er état. Deux pièces.
Très belles épreuves, plus un des mois de l'année (B. 28). Trois pièces.

931 — Les douze mois de l'année. Suite de douze estampes (B., 20-31).
Superbes et très rares épreuves d'essai, du 1er état, avant toutes lettres.

SANDRART ET DE IODE

932 — *Adler* (J.), d'après Van Hulle, — *Riedneri*, d'après Preisler. Deux portraits in-fol.
Belles épreuves.

SCHAEUFLEIN (HANS)

933 — Le Siège de Béthulie. Grande estampe sur bois, en cinq feuilles (Pass., 137).
Très belle épreuve.

SCHAEUFLEIN (Hans)

934 — Jésus-Christ célébrant la cène avec ses disciples dans une grande salle, au fond de laquelle la vue donne dans deux appartements (B., 26). Gravure sur bois.

Très belle épreuve.

SCHALL (d'après)

935 — Les Espiègles, par Descourtis, en couleur.

Superbe épreuve.

SCHMIDT (G.-F.)

936 — Silva (Jean-Baptiste), d'après Rigaud (J. 52).

Très belle épreuve, avec marge.

937 — Le Portrait d'une jeune femme (Jac., 123). — Le Portrait d'un jeune seigneur (124). Deux pièces, d'après Rembrandt.

Très belles épreuves, avec marges.

938 — Une Jeune Fille dans un ovale, d'après Flink (126), — Buste d'un homme à tête nue, d'après Rembrandt (127). Trois pièces, dont une double.

Très belles épreuves.

939 — La Juive fiancée (128). — Le Père de la fiancée réglant sa dot (129). Deux pièces, d'après Rembrandt.

Très belles épreuves.

940 — Le Portrait de Mme Schmidt en couseuse (135), —Autre portrait de Mme Schmidt (136). Deux pièces.

Très belles épreuves.

941 — Le prince de Gueldre menaçant son père, d'après Rembrandt (137), — Le Patriarche Jacob (139), — La mère de Rembrandt (153). Trois pièces.

Très belles épreuves.

942 — Deux différentes feuilles de polichinelles, faisant pendants, d'après Tiepolo (157).

Très belles épreuves.

SCHMIDT (G.-F.)

943 — Le Fumeur et le Buveur, d'après Ostade (160).
Très belle épreuve.

944 — Cinq têtes d'enfants en différentes attitudes (164), — La Résurrection de la fille de Jaïre (165), Un groupe de trois enfants mangeant du raisin (171). Trois pièces.
Très belles épreuves.

945 — Loth avec ses filles, d'après Rembrandt (173), — Sara donnant sa servante Agar pour femme à Abraham (775), — La Sainte Vierge avec l'Enfant Jésus et le petit saint Jean (176), — Le vieux Tobie raillé par sa femme (177). Quatre pièces.
Très belles épreuves.

946 — L'Alliance de la mer et de la terre, d'après Rubens.
Superbe épreuves avant toutes lettres, marges.

SCHONGAUER (Martin)

947 — L'Ange de l'Annonciation (B., 1).
Bonne épreuve.

948 — La Nativité (B., 4).
Très belle épreuve.

949 — Fuite en Egypte (B., 7).
Belle épreuve.

950 — Dix pièces de la Passion de Jésus-Christ, savoir : Jésus à la montagne des Oliviers (B., 9), — Jésus-Christ devant le grand-prêtre (11). — La Flagellation (12), — Le Couronnement d'épines (13), — Jésus-Christ devant Pilate (14), — Jésus-Christ présenté au peuple (15), — Le Portement de croix (16). — Le Crucifiement (17), — La Sépulture (18), — La Descente aux limbes (19), — La Résurrection (20). Onze pièces.

951 — Jésus-Christ devant le grand-prêtre (B., 11), — La Sépulture (18), — Le Couronnement d'épines (13). Trois pièces.
Belles épreuves.

SCHONGAUER (Martin)

952 — Le Baptême de Jésus-Christ (B.,8).
Bonne épreuve.

953 — Jésus-Christ en croix (B., 25).
Très belle épreuve.

954 — Saint Christophe (B., 48).
Bonne épreuve.

955 — Saint Jean l'Evangeliste (B., 55).
Bonne épreuve, plus la copie en contre-partie. Deux pièces.

956 — Saint Laurent (B., 56).
Belle épreuve.

957 — La Vierge sur un trône auprès de Dieu (B., 71).
Très belle épreuve.

958 — Dieu couronnant la sainte Vierge (B., 72).
Superbe épreuve, restaurée.

959 — La cinquième des Vierges sages (B. 81).
Très belle épreuve, restaurée.

960 — La seconde des Vierges folles (B., 83), — La quatrième
des Vierges folles (B., 85). Deux pièces.
Bonnes épreuves.

961 — La troisième des Vierges folles (B., 84).
Superbe épreuve, mais rognée.

SCHUPPEN (P. Van)

962 — *Deshoullières* (Mme), d'après Mlle E. Cheron. In-8.
Belle épreuve.

963 — *Le Faivre de Caumartin* (L.), — *Pithou* (Pierre). Deux
portraits in-fol.
Belles épreuves.

964 — *Louis XIV*, roi de France, d'après Le Febvre. In-8.
Très belle épreuve, marge.

SERGENT

965 — *Marceau sergent* (Emira), sœur du général Marceau.
In-4, en couleur.
Superbe épreuve. Très rare.

SKIPPE (J.)

966 — Saints Apôtres et autres sujets, d'après les maîtres italiens. Neuf pièces gravées sur bois et imprimées en camaïeux.
Très belles épreuves.

SMITH (J.)

967 — L'Œuvre de J. Smith, gravures à la manière noire
d'après différents maîtres : sujets religieux, mythologiques, de genre et portraits. Cent cinquante pièces en
un vol. in-fol., demi-rel. vélin.
Très belles épreuves. Rare.

SMITH (J.-R.)

968 — *Armstrong* (M^rs.). In-4, en manière noire.
Très belle épreuve.

969 — *Bouverie* (Hon. Mrs E.), d'après J. Hoppner. In-fol. en
couleur.
Très belle épreuve.

970 — Le même portrait.
Superbe épreuve en noir, grande marge.

971 — *Chambers* (Miss). In-fol. en manière noire.
Superbe épreuve, grande marge.

SOCIÉTÉ FRANÇAISE DE GRAVURE

971 *bis* — Suite complète de soixante-six estampes publiées
par la Société française de gravure de 1868 à 1890.
Exemplaire de membre fondateur avant la lettre, sur chine.

SOMPEL (P. VAN)

972 — *Eléonore*, épouse de Ferdinand II, d'après Soutman.
In-fol.
973 Très belle épreuve.

SOUBEYRAN (P.)

973 — Pierre le Grand, empereur de Russie. In-fol.
Très belle épreuve, marge.

STAREN (Dirk Van)

974 — Jésus-Christ tenté par le démon (B., 5).
Belle épreuve.

STELLA (J.)

975 — Adam et Eve chassés du paradis, — Jésus lavant les pieds de ses apôtres (en trois planches). Quatre pièces.

STIMMER (Chr.)

976 — Scènes historiques tirées de la vie du palatin Frédéric le Victorieux, pendant la guerre du Rhin. (Pass. T. IV, p. 212, n° 3). Gravure sur bois.
Belle épreuve.

STOOP (Th.)

977 — Différents chevaux. Suite de douze estampes (B., 1-12).
Superbes épreuves avant les numéros, avec marge. Le titre n'a pas de marge et est avec l'adresse de Clément de Jonghe, effacée.

STRANGE (Robert)

978 — Saint Jérôme, d'après le Corrège.
Très belle épreuve.

SWANEVELT (H.)

979 — Diverses vues de Rome. Suite de treize estampes (B., 53-65).
Très belles épreuves.

980 — Les Satyres B., 33), — Vue de Rome (56), — Suite de quatre paysages (B., 77-80), — Paysages ornés de fabriques (B., 83-87-90), — La Madeleine en pénitence (B., 107), — L'Anier (112). — Le Bouquet d'arbres (115). Douze pièces.
Très belles épreuves.

SWEBACH

981 — Encyclopédie pittoresque, ou suite de compositions, caprices et études, gravées au trait par Swebach. Suite de trente pièces.

Très belles épreuves.

SWERTS (Michel)

982 — Le Fumeur (B., 2).

Superbe et rare épreuve du 1er état, avant la lettre, marge.

SUDRE (P.)

983 — Odalisque, d'après Ingres.

Epreuve sur chine.

SUYDERHOEF (J.)

984 — La Paix de Munster, d'après Terburg.

Belle épreuve.

TARDIEU (A.)

985 — Mme *Elisabeth*, sœur de Louis XVI. In-4°.

Belle épreuve.

TAUNAY (d'après)

986 — Foire de village, — Le Tambourin. Deux pièces gravées par Descourtis.

Superbes et très rares épreuves avant toutes lettres, imprimées en noir, marge du cuivre.

TENIERS (D.)

987 — La Fête Flamande, composition de 34 figures.

Superbe épreuve.

988 — Son Œuvre gravé à l'eau-forte et au burin et estampes d'après lui. 150 pièces, dont quelques doubles. Collection très rare à trouver réunie.

Superbes épreuves.

TENNISSEN (C.)

989 — Mutius Scévola mettant la main gauche sur un brasier (B. t. IX, P. 152, n° 2). Gravure en bois.

Belle épreuve.

THIRY (L.)

990 — Une pièce de la fable de l'Enlèvement de Proserpine (Pass., 79).

Belle épreuve.

TITIEN (d'après TIZIANO VECELLIO, dit le)

991 — Le Triomphe du Christ. Grande estampe en dix feuilles, gravée sur bois, attribuée à J. de Barbary.

Superbe épreuve. Très rare.

TREU (MARTIN)

992 — Paysans dansant. Deux pièces numérotées 6 et 8.

Belles épreuves.

TUSSIN (J.)

993 — Le Repos de la Sainte Famille, pièce gravée à l'eau-forte.

Très belle épreuve. Rare.

UDEN (L. VAN)

994 — Paysages d'après Rubens (B., 57-58). Deux pièces.

Belles épreuves.

995 — Village au bord d'un ruisseau; sur le devant, vers la droite, une femme trait une vache, d'après Rubens (B., 59).

Très belle épreuve, marge.

UMBACH (J.)

996 — Le Portement de croix, — Saint Jérôme, deux compositions différentes. Trois pièces gravées à l'eau-forte.

Belles épreuves.

UYTENBROUCK (M.)

997 — Les Bergers de l'Arcadie (B., 45).

Très belle épreuve.

VECELLI (CESARE)

998 — L'Assomption (Pass., t. VI, P., 233, n° 51).

Très belle épreuve.

VELDE (ADRIEN VAN DE)

999 — Différents animaux. Suite de dix estampes, dont nous n'avons que neuf (B., 1-10).

Belles épreuves, manque le numéro 8.

1000 — La Vache et les deux moutons au pied d'un arbre (B., 11), — Le Bœuf pie et les trois moutons (12), — Les Deux Vaches au pied d'un arbre (13), — La Brebis (14), — Les Deux Moutons (15). Suite de cinq estampes.

Belles épreuves.

1001 — Les Deux Vaches au pied d'un arbre (B., 13), — La Brebis (15). — Les Deux Moutons (16). Trois pièces.

Très belles et anciennes épreuves.

1002 — Le Berger et la Bergère avec leur troupeau (B., 17).

Belle épreuve.

VELDE (J. VAN)

1003 — Les Mois de l'année, d'après N. Visscher. Suite de douze pièces dont nous n'avons que dix.

Belles épreuves.

1004 — Les Eléments. Suite de quatre pièces en largeur.

Belles épreuves, grandes marges.

VENITIEN (AUG.)

1005 — L'Enfant offert à Priape (B., 336).

Très belle épreuve. Rare.

1006 — Les Vases antiques de bronze et de marbre. Suite de douze estampes (B., 541-532).

Belles épreuves.

VICO (ENEAS)

1007 — Différents vases dessinés d'après l'antique (B., 420-433). Treize pièces.

Très belles épreuves.

VIEL (PIERRE)

1008 — La Paix ramenant l'Abondance, d'après Mᵐᵉ Lebrun.

Superbe épreuve avant la lettre.

VISSCHER ET **SADELER**

1009 — Le Repos en Egypte, — Diane découvrant la grossesse de Calisto. Deux pièces.

Belles épreuves.

VISSCHER (J. DE) ET **SUYDERHOEF**

1010 — Les Joueurs de tric-trac sous la treille, — Le Dévideur. — Les Trois Commères. Trois pièces, d'après Ostade.

Très belles épreuves.

VIVIER (G. DU)

1011 — Cuisine flamande, d'après Ant. V. Heuvel (R. D., 5).

Très belle épreuve. Rare.

VLIEGER (SIMON DE)

1012 — Le Transport du blé (B., 5). — Les Pourceaux gras B., 16). Deux pièces.

Belles épreuves.

1013 — Le Chien enchaîné (B., 20).

Superbe épreuve avant les initiales du maître et avant l'adresse de J. Danckers. Elle est un peu rognée sur les bords.

VLIET (J.-G. VAN)

1014 — Buste d'un oriental (Cl. 20), — L'Ouïe (28), — L'Odorat (29), — Le Toucher (29). Quatre pièces.

Belles épreuves.

1015 — Différents Gueux ou mendiants, en une suite de dix pièces (Cl. 73-82).

Belles épreuves.

VOET (ALEXANDRE)

1016 — La Conversion de saint Paul, d'après Rubens.

Très rare épreuve avant toutes lettres et avant le nettoyage du cuivre.

VOLIGNY

1017 — *Phelypeaux de Pontchartrain* (Louis), ministre et secrétaire d'Etat. In-fol.

Très belle épreuve.

VORSTERMAN (L.)

1018 — *Teniers* (David), d'après P. Thijs.

Superbe épreuve du 1er état, avant que l'adresse d'Abraham Teniers ait été effacée et remplacée par celle de Jacob Peeters.

1019 — Femme accoudée sur une table, la tête appuyée sur la main droite, d'après Adr. Brouwer.

Très belle épreuve avant la lettre.

WAEL (J.-A. de) le vieux

1020 — Paysans italiens assis autour d'une table devant une auberge, — Le Retour des champs. Deux pièces gravées à l'eau-forte, non décrites.

Belles épreuves.

1021 — Différents sujets mêlés de figures et d'animaux. Suite de quatorze estampes (B., 1-14).

Très belles épreuves.

WAEL (Corneille)

1022 — Intérieur, — Autre sujet du même genre, — Les suites du duel. Trois pièces gravées à l'eau-forte.

Très belles épreuves. Rares.

WALKER

× 1023 — Law (le droit), — Physick (la médecine). Deux pièces faisant pendants, d'après Ostade.

Très belles épreuves, avec de grandes marges.

WALTNER

1023 *bis* — Portrait de la comtesse de Barck, d'après Henri Regnault.

Très belle épreuve.

WATELET

1024 — Compositions d'après Watteau et Boucher. Trois pièces gravées à l'eau-forte.

Très belles épreuves avant la lettre.

WATERLOO (Ant.)

1025 — Les Deux Paysans dans l'allée (B., 1. — Le Bâtiment ruiné (B., 2). Deux pièces.

Très belles épreuves du 1er état, avant les numéros.

1026 — La Chaumière (B., 39), — La Nuit claire (B., 40). — Suite de six estampes (B., 47-49), — Six différents paysages formant une suite (B., 53-58). 19 pièces dont quelques doubles en épreuves de remarque.

Très belles épreuves.

1027 — L'Allée au bois (B., 62).

Belle et rare épreuve, avant quelques travaux au burin sur le corps du gros arbre qui est au milieu, sur le devant.

1028 — Suite de six pages en hauteur (B., 119-124).

Très belles épreuves avant la retouche au burin.

1029 — Paysages ornés de sujets mythologiques. Suite de six estampes (B., 125-130).

Très belles épreuves. Collection Camberlyn.

1030 — Le Départ d'Agar (B., 131).

Superbe épreuve.

1031 — Ruisseau coulant au milieu d'une forêt (B., vol. 11, P. 139).

Très belle et rare épreuve avant le n° 6, au coin droit supérieur, plus une épreuve avec le numéro. Deux pièces.

1032 — Paysages grands et petits tirés de différentes suites. 17 pièces.

Très belles épreuves.

1033 — Son œuvre gravé à l'eau-forte, en 130 pièces montées sur bristol, dans un portefeuille.

Belles épreuves.

WATTEAU (Ant.)

1034 — *L'œuvre d'Antoine Watteau, peintre du roy, en son académie royale de peinture et sculpture, gravé d'après ses tableaux et dessins originaux tirez du cabinet du roy et des plus curieux de l'Europe, par les soins de M. de Jullienne, à Paris. Fixé à cent exemplaires des premières epreuves, imprimés sur grand papier.*

Deux vol. gr. in-fol. contenant 273 planches imprimées sur 205 feuilles, plus le titre et la bordure où es imprimée la fable allégorique : l'art et la nature.

Figures de différents caractères de paysages et d'études d'après nature, par Antoine Watteau, peintre du roy en son académie royale de peinture et sculpture, gravées à l'eau-forte par des plus habiles peintres et graveurs du temps. Tirées des plus beaux cabinets de Paris. A Paris chez Audran et Chereau, S. D. Deux vol. in-fol., texte et planches.

Ces quatre volumes forment l'œuvre d'Antoine Watteau tel qu'il a été publié par M. de Julienne, l'exemplaire est bien complet et est d'une remarquable conservation, toutes les épreuves sont en feuilles avec toutes leurs marges non ébarbées, renfermées dans trois portefeuilles. Pour le second volume des grandes planches, nous avons le rare titre, cartouche gravé par Moyreau, d'après Watteau dans lequel se trouve imprimée cette inscription :

Œuvres des estampes gravées d'après les tableaux et dessins de feu Antoine Watteau, peintre flamand de l'académie royale de peinture et de sculpture. Quatrième et dernière partie.

Dans beaucoup d'exemplaires, ce titre n'existe pas. On l'a remplacé par le titre du premier volume, qui se trouve, par ce moyen, deux fois dans le même ouvrage.

1035 — *La plus belle des fleurs*, par J. M. Liotard.
Belle épreuve.

WATTEAU (d'après ANTOINE)

1036 — Promenade sur les remparts, par Aubert.
elle épreuve.

WAXSCHLUNGER

1037 — Chien et Gibier mort. Suite de quatre pièces.
Très belles épreuves.

WECHTLIN (JOHANN), dit PILGRIM

1038 — Alcon dans l'île de Crête, délivrant son fils d'un serpent
(B., 9). Pièce imprimpée en clair-obscur.
Superbe épreuve. Extrêmement rare.

WIERIX (LES)

1039 — Le Jugement dernier, d'après Michel-Ange.
Superbe épreuve avant toute lettre.

1040 — Le Cardinal André d'Autriche, en buste dans un médaillon, avec bordure ornementée.
Très belle épreuve.

1041 — *Balzac d'Entragues* (Henriette de) (Al., 1860).
Belle épreuve.

1042 — *Médicis* (Marie de), reine de France. Grand portrait
avec quatrain français dans la marge (Al., 1978).
Superbe épreuve. Très rare.

1043 — *Treslong* (Guill. de Bloys, dit) (Al., 2045).
Bonne épreuve.

WILLE (J.-G.)

1044 — Mort de Cléopâtre, d'après Netscher, — La Mort de
Marc-Antoine, d'après Battoni. Deux pièces.
Belles épreuves.

1045 — *Foucquet de Belle-Isle* (Charles-Louis-Auguste), d'après
Rigaud.
Belle épreuve, avec marge.

1046 — *Frédéric II*, roi de Prusse, d'après Pesne. In-fol.
Très belle épreuve.

WILLE (J.-G.)

1047 — *Parrocel* (Joseph), d'après Rigaud. In-fol.
Très belle épreuve, marge.

WITTINGHOEF (Baron de)

1048 — Différents animaux, gravés à l'eau-forte. Vingt-huit pièces.
Belles épreuves.

WOOLLETT (W.)

1049 — Les Agréments de l'été, d'après Pillement, — Diane et Actéon, d'après Lauri, — The Fishery, d'après Wright. Trois pièces.
Belles épreuves.

WYCK (Th.)

1050 — Les Joueurs (B., 2), — La Couseuse (B., 3), — L'Homme ajustant sa chaussure (B., 4), — Les Cuisinières près du puits (B., 13), — Le Pont (B., 19). Cinq pièces.
Très belles épreuves.

1051 — La Colonnade (B., 8).
Très belle épreuve.

1052 — La Forge (B., 9), — Le Mendiant qui danse (B., 11), — Les Cuisinières près du puits (13), — La Femme portant deux paniers (14). Quatre pièces.
Superbes épreuves.

ZANETTI

1053 — L'Annonciation (B. App., 1). Clair-obscur de deux planches.
Très belle épreuve.

ZEEMAN (R.)

1054 — Marines. Suite de huit estampes (B., 31-38). — Quelques Navires (B., 39-46). Suite de huit pièces, en tout seize pièces.
Très belles épreuves.

ZIARNKO (d'après)

1055 — Ordre et séance des états généraux, tenus par Louis XIII.

Très belle épreuve.

ZUCCARO (F.)

1056 — Bacchus couronné (Pass., 72). Original et copie. Deux pièces en clair-obscur.

Très belles épreuves.

1057 — Sous ce numéro, il sera vendu par lots environ 20 000 estampes anciennes de toutes les écoles, ornements, lithographies, photographies, etc.

Imprimerie D. Dumoulin et Cie, à Paris.

9 782014 463576